Por uma literatura
sem adjetivos

Por uma literatura sem adjetivos

María Teresa Andruetto

TRADUÇÃO Carmem Cacciacarro

pulo do gato

gato letrado

POR UMA LITERATURA SEM ADJETIVOS
© edição brasileira: Editora Pulo do Gato, 2012
© María Teresa Andruetto, 2009
Título original: *Hacia una literatura sin adjetivos*

COORDENAÇÃO EDITORIAL Leonardo Chianca e Márcia Leite
DIREÇÃO EDITORIAL Márcia Leite
INDICAÇÃO Dolores Prades
TRADUÇÃO Carmem Cacciacarro
PREPARAÇÃO Isabella Marcatti
REVISÃO Editora Pulo do Gato
PROJETO GRÁFICO E DIAGRAMAÇÃO Mayumi Okuyama
IMPRESSÃO PifferPrint

A edição deste livro respeitou o novo
Acordo Ortográfico da Língua Portuguesa.

Dados Internacionais de Catalogação na Publicação (CIP)
(Câmara Brasileira do Livro, SP, Brasil)

Andruetto, María Teresa
Por uma literatura sem adjetivos / María Teresa
Andruetto; tradução: Carmem Cacciacarro. –
São Paulo: Editora Pulo do Gato, 2012.

Título original: Hacia una literatura sin adjetivos.
ISBN 978-85-64974-24-1

1. Crianças – Livros e leitura 2. Literatura infantojuvenil
3. Pedagogia 4. Sala de aula – Direção I. Título.

12-04853   CDD-371.3

Índice para catálogo sistemático:
1. Literatura infantojuvenil: Aplicação em sala de aula:
Educação   371.3

1ª edição • 5ª impressão • maio • 2021
Todos os direitos desta edição reservados à Editora Pulo do Gato.

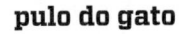

pulo do gato
Rua General Jardim, 482, CONJ. 22 • CEP 01223-010
São Paulo, SP, Brasil • TEL.: [55 11] 3214 0228
www.editorapulodogato.com.br

Sumário

6 *De ouvido sempre atento*
por Marina Colasanti

14 Passageiro em trânsito

26 O ofício de olhar

32 Algumas questões em torno do cânone

52 Por uma literatura sem adjetivos

72 Sobre inclusões e exclusões

78 Escrever na escola

86 ABC da leitura

98 O olho na cena

112 Os valores e O valor correm atrás do próprio rabo

138 As derivas de meu castelhano

146 Algumas questões sobre a voz narrativa
e o ponto de vista

188 Enós, os aprendizes e a escritura duradoura

206 SOBRE A AUTORA

De ouvido sempre atento

por Marina Colasanti

Uma menina tímida, de nariz grande e pernas finas, lê. Lê desbragadamente, tudo o que lhe cai nas mãos, o que encontra em sua casa e o que lhe chega fora dela. Literatura e política, Collodi e história, dicionários e filatelia, poesia e religião, tudo se mistura em suas leituras, tudo se funde em seu imaginário. Então, um dia, mais para obter simpatia do que em busca de admiração, a menina se senta num degrau do pátio da escola e começa a contar histórias para suas colegas.

Seria fácil dizer que nesse momento nasceu a escritora. Mas não seria verdadeiro. A escritora María Teresa Andruetto nasceu antes de sua voz narrante. Nasceu das histórias contadas pelo pai, *partisan* piemontês emigrado depois da Segunda Guerra, e do mundo diferente que essas histórias lhe traziam. Nasceu de seu olhar de criança pousado com a mesma intensidade sobre os grandes espaços do campo e sobre os pequenos espaços individuais. Nasceu das interrogações que sua timidez mantinha caladas.

Nunca as coisas tiveram para María Teresa uma resposta única. E é em busca das respostas ocultas, do que não conhece, que ela escreve. Uma viagem, sempre, entre um ponto de partida e um porto de chegada do qual não se tem o mapa, sendo a única bússola as palavras.

Collodi e história, dicionários e filatelia, que útil foi tudo isso. Sem que ela se desse conta, temas e autores desemparelhados, escolhidos quase ao acaso, estavam lhe ensinando a delícia e o valor dos vasos comunicantes. Que limitação teria sido ater-se a um único tema ou a um único autor quando havia tantos disponíveis. Aos 8 anos, ou aos 9, ela não podia ainda saber que nenhum autor, nenhum assunto está solto no espaço. Nem mesmo a terrível *Seleções*, que tanta vergonha lhe causou, como vocês verão adiante. Mas, enquanto ela lia, imagens e situações ligavam os piratas de Sandokan à tempestade de Shakespeare, a baleia de Melville à de Pinóquio, o selo ao fato político, a fotonovela às histórias policiais. E nessas ligações ia se desenhando o futuro literário de María Teresa Andruetto.

Pode-se dizer que ela sempre escreveu, e continua escrevendo, como lia quando criança. Com a mesma curiosidade, certamente. Com a mesma capacidade de surpreender-se com aquilo que descobre no caminho. E sem prender-se a um único gênero, mas transitando entre poesia e prosa, ficção e ensaio, conto e novela, para adultos ou para crianças e jovens, sem nunca voltar a pisar onde já havia posto os pés.

Temos, neste livro, seu pensamento lúcido de ensaísta registrado em conferências, debates e mesas-redondas.

A própria diversidade temática proposta para cada uma dessas ocasiões nos permite acompanhar a evolução pessoal da autora, não apenas como teórica da literatura, mas como militante.

São mais de trinta anos atuando na formação de professores, fundando revistas e centros de estudo, participando como elemento de ponta no estabelecimento de novos padrões para a literatura infantojuvenil da Argentina. O sangue *partisan* do pai contaminou suas veias, e ela sempre foi uma resistente. Resistente aos preconceitos, à literatura para crianças usada como arma didática, ao preconcebido, ao imposto por outros interesses que não o estético. O título deste livro deixa bem clara sua busca.

E não apenas na área literária María Teresa se fez presente. Ela é um nome importante nas questões de gênero em seu país, naquilo que chamávamos feminismo, e uma estudiosa de destaque na literatura feminina argentina. Seu blog, *Narradoras argentinas*, é uma referência para qualquer pesquisa sobre o tema. E as mulheres, assim como a política, são elementos centrais em sua ficção e sua poesia.

Eu a conheci na fila de um banheiro feminino, durante um congresso, quando ela se aproximou pedindo autorização para traduzir meu livro de poesia *Rota de colisão*. Ela, tímida, modesta, certa de estar me pedindo um favor; e eu, grata, gratíssima, certa de estar recebendo um presente de luxo. Assim começou nossa amizade.

A tradução a que ela se propunha transformou-se num percurso mais que fraterno, no qual, durante meses, através da internet, estivemos de mãos dadas. E o pouco que ela desconhecia de português foi sempre superado pelo tanto que sabia de poesia. Traduzir — nós duas temos essa vivência — não é um desafio de palavras, é um exercício de entrega.

Temos nos encontrado com frequência e alegria depois disso, em congressos, seminários, quase sempre ao redor da literatura infantojuvenil, mas também ao redor da poesia ou ao redor de nós mesmas. São encontros de muito afeto, em que acabamos descobrindo novas afinidades. Ela traduziu mais um livro meu, e eu acabo de traduzir um livro dela. Faço esta apresentação e, surpresa, me vejo citada no miolo. Leio o que ela escreve aqui, concordo com tudo e me entusiasmo com seus pontos de vista. Leio seus contos, sua ficção e sua poesia e me comovo, invariavelmente me comovo, porque ela, tão risonha sempre, tão positiva, tem uma melancolia nas palavras, uma delicadeza no toque, que colhe a alma do leitor. Como ela mesma diz: "Tento ter um ouvido atento ao sofrimento e ao assombro".

Atenta ao assombro, María Teresa mantém sua determinação de receber o inesperado, de reconhecer o novo, de aceitar o estranho. E a sua captação do sofrimento humano só podemos chamar compaixão. São os dois polos de sua criação que se encontram. E nesse encontro geram alta literatura.

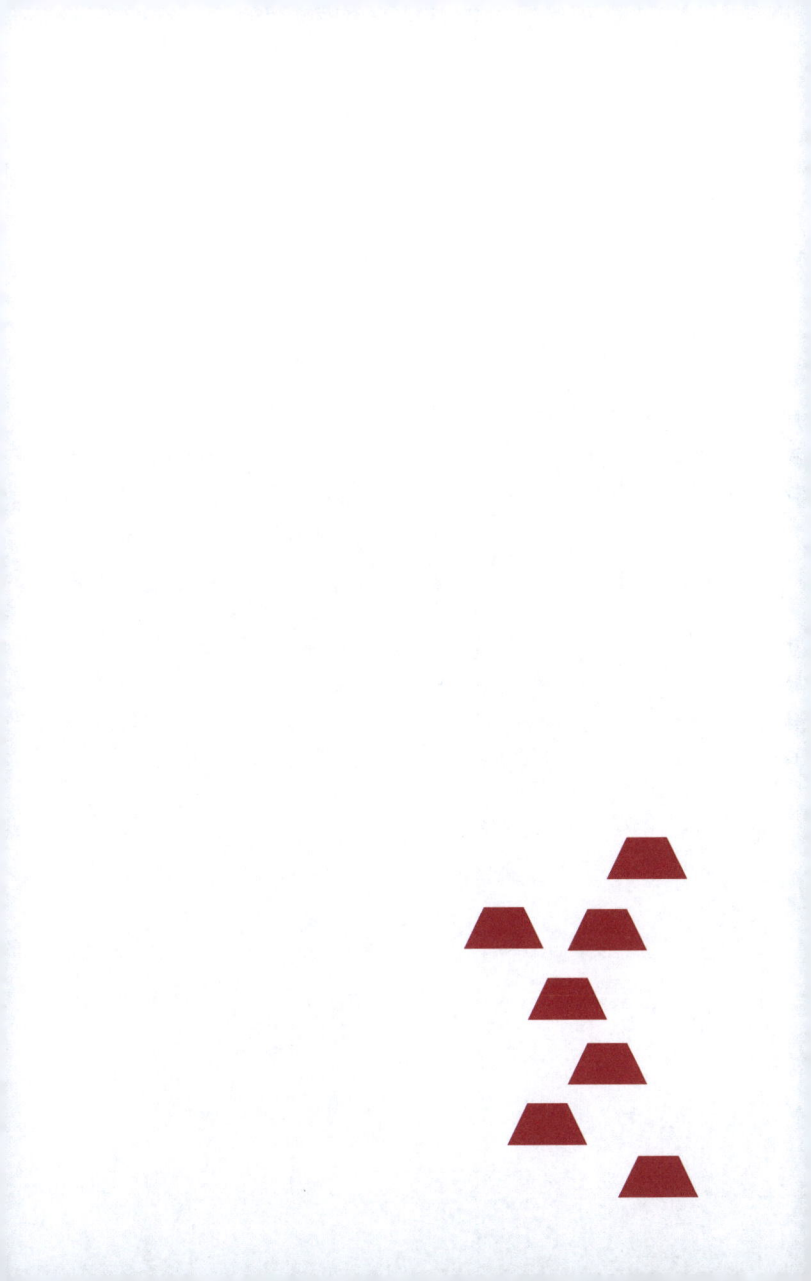

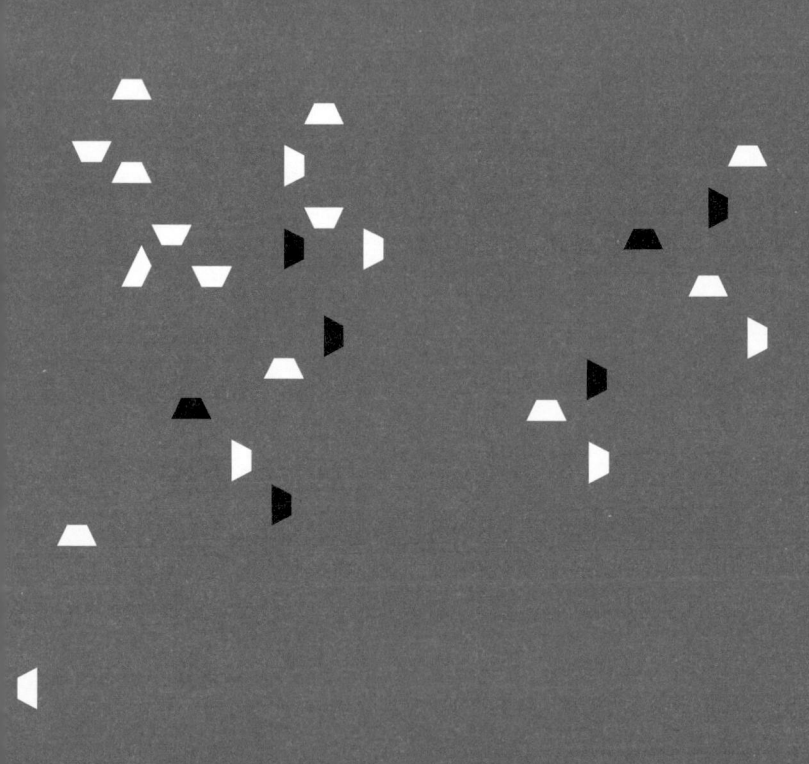

Algumas ideias aqui reunidas foram apresentadas e reescritas mais de uma vez pela autora, em um movimento contínuo de revisão e atualização de suas reflexões sobre os temas ora publicados.

Por uma literatura
sem adjetivos

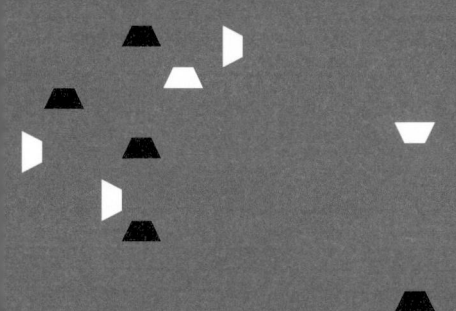

Passageiro em trânsito*

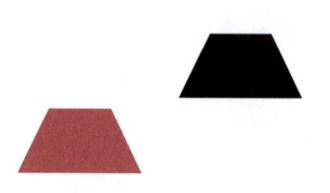

* Lido no I Seminário Internacional de Literatura Infantil e Juvenil. CEPROPALIJ. Universidad Nacional del Comahue. Cipolletti, setembro de 2001.

> *Qual é o lugar de um escritor? Se lugar significa influência, importância prática, a arte não ocupa lugar nenhum. Utopia significa precisamente isto: não lugar, nenhum lugar. Um escritor não é somente um senhor que publica livros e assina contratos e aparece na televisão. Um escritor é um homem que estabelece seu lugar na utopia.*
>
> ABELARDO CASTILLO[1]

Entre algumas comunidades africanas, quando um narrador chega ao final de uma história, põe a palma da mão no chão e diz: *aqui deixo minha história para que outro a leve.* Cada final é um começo, uma história que nasce outra vez, um novo livro. Assim se abraçam quem fala e quem escuta, num jogo que sempre recomeça e que tem como princípio condutor o desejo de nos encontrarmos alguma vez completos nas palavras que lemos ou escrevemos, encontrar isso que somos e que, com palavras, é construído. Para escrever uma e outra vez o que nos falta, a escrita nos conduz através da linguagem, como se a linguagem fosse — e é — um caminho que nos levará a nós mesmos.

Como a própria vida, todo texto desenvolve um movimento a partir de um ponto de equilíbrio precário

---

[1] Abelardo Castillo. *Ser escritor.* Buenos Aires: Perfil Libros, 1997.

para outro equilíbrio também precário. Algo penetra no que está quieto e sua irrupção provoca adesões, resistências, tomadas de posição, tentativas de recuperar o perdido ou de adquirir algo novo, até que tudo se aquieta outra vez. Escrita, então, como movimento, como caminho para quem escreve e para quem lê. Caminho, migração de um lugar para outro.

Filha de um camponês que chegou da Itália na Argentina depois da Segunda Guerra Mundial e casada com um homem que precisou se exilar em um país europeu durante a ditadura, me foram narrados, com persistência, os contos e as contas do desenraizamento, os custos de passar de uma cultura para outra, de um mundo para outro. Tornar-se adulto também é migrar. E a própria migração, essa zona de passageiro em trânsito, esse tempo que costumamos chamar adolescência.

No tempo d'eu menina
os corredores eram longos
as mesas, altas
as camas, enormes.
A colher não cabia
na minha boca
e a tigela de sopa
era sempre mais funda
do que a fome.
No tempo d'eu menina
só gigantes moravam

lá em casa.
Menos meu irmão e eu
que éramos gente grande
vinda de Lilliput.[2]

Migrar de um mundo para outro e viver cheio de multas no trânsito. Abandonos precários, de frase em frase, de lugar em lugar, com a mão estendida para que alguém nos empreste sua voz e faça que o escrito viva. O caminho que traçamos sobre a página é a viagem de um desejo: palavra conquistada e, ao mesmo tempo, mão estendida, súplica, convite, perda brutal da palavra. Quem migra, e toda escrita é migração, *vai para uma fala que nunca lhe será dada. Dessa perda se forma o escrever.*[3] Falta, e não outra coisa, é o que temos no começo de cada projeto. Escreve-se porque não se sabe, não se compreende. Escreve-se para confirmar uma e outra vez que não se sabe, que não se compreende. Quem escreve busca uma forma para o que não tem forma e que, por isso, é incompreensível; busca um continente para um conteúdo que escorre ou transborda. E o que encontra é uma voz apenas, sussurro do que não se sabe dizer, do que não se pode dizer, do que ninguém ensina a dizer.

---

2 Marina Colasanti. *Rota de colisão*. Rio de Janeiro: Rocco, 1993.

3 Michel de Certeau. *La invención de lo cotidiano: artes de hacer*. Cidade do México: Universidad Iberoamericana, 1996. [ed. bras. *A invenção do cotidiano: artes de fazer*, v. 1. Rio de Janeiro: Vozes, 2000.]

Então, por que escrever em busca do que nos é negado? Para quem busca ouro, o prazer está em buscar. Um escritor é um buscador cujo prazer mais puro é encontrar, entre inúmeras palavras, as palavras. Essa é a única explicação que encontrei para mim ao longo dos anos. Quando deixamos de buscar, quando é pacificada a relação com a linguagem, esta deixa de sentir nossa falta, aquilo que nos levou ao caminho da escrita. Deixa de dizer e de nos dizer; e volta-se contra nós.

Um escritor domina as palavras? Melhor seria dizer que um escritor tem problemas com as palavras, que as converteu em seu problema. Encontro e perda constantes, palavras que dançam em uma boca muda. Assim, como quem não pode, mas continua tentando, o escritor escreve com seu desejo o possível desejo de outro. A escrita converte-se, então, como a própria vida, num atravessar, narração de viagem para nos *libertarmos das coisas não as evitando, mas atravessando-as*, como queria Pavese.[4] Por isso, a permanência do romance de formação, aquela estrutura narrativa nascida no marco do romantismo alemão, na qual um personagem se constrói a si mesmo durante o trânsito. O herói começa a se delinear diante de nós a partir de uma carência. Como no início dos tempos, deverá sortear provas. Não três, não sete, mas centenas de pequenas provas até chegar a esse centro precioso e ilusório que é o encontro de

---

4 Cesare Pavese. *Il mestiere di vivere*. Turim: Giulio Einaudi Editore, 1952.

cada um consigo. Precário, provisório centro da vida. Quem é esse que vem conosco e chega agora, ao final do romance? Esse que no início era uma criança, um mocinho? É um homem. Como cada um de nós. Um homem singular e, ao mesmo tempo, um homem como todos. Singela verdade, eternamente repetida.

Se todos os romances podem ser reduzidos, em última instância, a duas formas — a que gira em torno de um centro e a que desloca os acontecimentos de um lugar para outro (o romance de mistério e o de viagem) —, então o romance de viagem — inclusive os que narram uma viagem interior — apresenta-se como uma arquitetura ideal para os mais jovens, entre outras coisas porque todo sofrimento está ali protegido pela convicção de que, de um modo ou de outro, a zona de trânsito será atravessada.

Estrutura demasiado convencional? Toda escrita é experimental, já que, se for genuína, constitui uma exploração intensa da palavra e uma experiência profunda no seio de si mesmo. A verdadeira originalidade é uma fuga da repetição de si mesmo, da cópia de si mesmo; e consiste em entender cada projeto de escrita como uma nova exploração (nova para si, quero dizer) no seio da palavra, como uma intensificação da experiência, porque se escreve contra a língua, contra o linguisticamente correto, contra o politicamente correto, escreve-se contra tudo e, sobretudo, contra nós mesmos, violentando a linguagem e nos violentando, buscando nas fendas produzidas entre uma palavra e outra a saída disso que somos, buscando *aquilo que, entre uma frase e outra, nessa greta que não é silêncio nem voz, aparece*.⁵

Inventar ou descobrir? Sobretudo olhar. Olhar com intensidade para dar conta do que se olha, porque a escrita (como a leitura) depende do mundo que tenha sido contemplado e da forma sutil como tenha sido incorporada a experiência para perceber a complexidade e o emaranhado da aparência. Porque a arte é *um método de conhecimento, uma forma de penetrar no mundo e nele encontrar o lugar que nos corresponde*.⁶

O perigo de ontem era o que costumávamos chamar — com uma palavra clichê — um exercício de linguagem autoritária do adulto sobre a criança. Hoje, como em *A história sem fim*, de Michel Ende,⁷ o perigo é o vazio, o crescimento desmesurado do nada; disso dão conta tantos livros editados anualmente, não só no campo da literatura para crianças.

Pessoalmente, gosto muito de certa literatura de ensino sugestivo, desde os relatos arquetípicos até os contos sufis, e não temo seu caráter docente porque aposto tudo, ou quase tudo, na sugestão da linguagem e na possibilidade de, por esse artifício, romper o esperado,

---

5 Octavio Paz. *El mono gramático*. Barcelona: Seix Barral, 1974.

6 Paul Auster. "Desapariciones", textos inéditos traduzidos por Sergio Raimondi, *Revista Vox. Arte + Literatura*, n. 3-4, Bahía Blanca, Buenos Aires.

7 Michel Ende. *A história sem fim*. São Paulo: Martins Editora, 2010. [N.E.]

o previsível, o correto, para que o texto se abra, quem sabe, para múltiplas leituras. Interessa-me trabalhar, a partir desse material desprezado, a literatura moralista que nutriu durante muitos séculos o narrar dos povos. Nos contos de *El anillo encantado* [*O anel encantado*],[8] parti às vezes de histórias um pouco educativas (o amor vale mais que as diferenças de classe ou é possível ser feliz sem ter nada) e, como quem faz uma pátina sobre um móvel novo até convertê-lo em antigo, caminhei até esse pequeno livro. Porque um livro é uma viagem feita a partir de camadas e camadas de escrita, de sucessivas obediências à forma, para conseguir um tom, para encontrar um ritmo, para que soe bem, para que o que era estranho se torne familiar, para que o que era familiar se torne estranho, procurando que o conhecido seja rompido, seja polido, estale, buscando, enfim, uma ruptura que deixe ver por baixo algum resplendor disso que chamamos vida.

Se temos apenas uma frase? Pode ser suficiente para puxar o fio, para começar a enovelar a história. Fragmentos, meandros, derivações nas quais se perde um testemunho, e, entre esses meandros, alguém diz a palavra de um começo. Às vezes não há nem mesmo isso, e então a escrita se evidencia em sua condição de pura espera do outro, linguagem narrando o vazio do

---

8 María Teresa Andruetto. *El anillo encantado*. Buenos Aires: Editorial Sudamericana, 1993. (Colección Pan Flauta). [N.E.]

outro, boca que espera uma escuta, letra oferecida aos olhos de um leitor.

Corrigir um texto é um trabalho espiritual, uma empreitada de retificação de si mesmo, dizia Paul Valéry[9]. Corrigir, então, para nos libertarmos do adequado e do correto, da mimetização com os autores mais bem-sucedidos, do que vende, do que a escola quer, da necessidade de parecermos escritores, do desejo de sermos inteligentes ou informados ou... Libertarmo-nos, enfim, de tantos lastros, para encontrar em algum momento, se persistirmos e formos afortunados, essa moeda de ouro que é a vida. Há, sim, uma ética das formas: isto é, em seu sentido mais puro, uma estética. Trabalhar obstinadamente a forma para que se ajuste ao movimento que traça a vida. Escrever mais além ou mais aquém das exigências do mercado. Abrir sempre novos espaços pessoais, novas explorações de escrita e de leitura. Escrever para o encontro verdadeiro com um leitor. Escrever sempre para leitores únicos, para dezenas ou centenas ou milhares de leitores únicos. Trabalhar contra a mercantilização do desejo, contra o esvaziamento das formas, a partir da busca permanente, do movimento permanente, do incômodo constante. Escrever, enfim, para o leitor que queríamos ser, para um leitor que, no mais íntimo de nós, respeitamos mais além de sua condição e de sua idade, um leitor sempre

---

9 Paul Valéry (1871-1945), escritor e poeta francês. [N.E.]

maior e mais intenso que nós mesmos. Escrever por puro afã de exploração, pelo mero desejo de percorrer nossas reservas selvagens. Escrever para buscar, sempre abertos à descoberta, ao risco, à surpresa. Escrever sem medo das expulsões do palácio ou das expulsões do templo, quaisquer que sejam os palácios e os templos da vez. Sem medo do abandono dos leitores nem das editoras. Sem medo de ficar fora da escola ou do mercado. Escrever longe da repetição do bem-sucedido produzido por outros ou por nós mesmos. Cuidamos de tudo e, sobretudo, cuidamos de nós mesmos. Prescindir de tudo que não seja o caminho. Ser sempre o caminhante, o que ainda não chegou ao destino, o passageiro em trânsito, aquele que atravessa a reserva, o que busca o ouro, para que a escrita, quem sabe, alguma vez, seja. Para que, alguma vez, talvez, esboce um texto e o faça florescer como uma árvore.

Quando comecei a me ocupar e a me preocupar com a literatura para crianças, isto é, no início dos anos 1980, parecia fácil distinguir os bons dos maus escritores, os textos bons dos ruins, as boas das más editoras. Hoje, isso não parece tão simples, uma vez que autores e editoras de prestígio também emprestam seu nome ou seu selo para textos pobres, anódinos. Há vinte anos, o problema dos que trabalhávamos nesse campo era instalar a literatura infantil e o hábito da leitura na escola e semear essa consciência nos docentes. Hoje, o desafio enorme que nos toca como escritores, como leitores, como docentes, como especialistas é selecionar e ensinar a selecionar, com conhecimento e critérios pessoais, os bons livros no mar de publicações que são editadas; critérios que sejam capazes de ir além das recomendações editoriais, da publicidade, dos índices de venda e dos nomes consagrados. Hoje, mais que nunca, torna-se necessário exercer nosso direito pessoal de divergir, de escolher, de exercer o poder de leitores sobre o que nos é vendido ou se pretende vender.

Para que escrever, para que ler, para que contar, para que escolher um bom livro em meio à fome e às calamidades? Escrever para que o escrito seja abrigo, espera, escuta do outro. Porque a literatura, mesmo assim, é essa metáfora da vida que continua reunindo quem fala e quem escuta num espaço comum, para participar de um mistério, para fazer que nasça uma história que pelo menos por um momento *nos cure de palavra*, recolha nossos pedaços, junte nossas partes dispersas, transpasse nossas zonas mais inóspitas, para nos dizer que no escuro também está a luz, para mostrarmos que tudo no mundo, até o mais miserável, tem seu brilho.

Como aquele pintor da antiga Coreia, que, dizem, pintava árvores que os pássaros tomavam por verdadeiras:

> ... *atravessou as muralhas, os pobres casarios e saiu para o campo. Pelo caminho, viu homens, mulheres, crianças.*

Alguém disse: Tenho fome.
Outro disse: Tenho frio.
E outro: Estou triste.
E como nada tinha para lhes dar, desenhou sobre a terra uma cerejeira.
Uma cerejeira tão verdadeira que inebriou os homens com suas flores
e lhes deu frutos durante toda a vida.[10]

---

10 María Teresa Andruetto. *Solgo*. Buenos Aires: Ediciones Edelvives, 2011.

O ofício de olhar*

* Lido por ocasião do
Dia do Escritor. Centro
Cultural Argüello. Córdoba,
Argentina, 1997.

Quando era muito jovem, pensava que um escritor era alguém que tinha uma vida interessante, cheia de viagens, de amores, de episódios picantes. Que um escritor era algo assim como um aventureiro das palavras, alguém que tinha uma vida digna de ser contada. Uma frase de Rilke me trouxe, em algum momento, sua verdade. Dizia:

> Se sua vida cotidiana lhe parece pobre, não a culpe, culpe-se a si mesmo; diga-se que não é poeta o bastante para suscitar suas riquezas. Para os criadores, não há pobreza nem lugar pobre, indiferente.

Se naquele tempo me tivessem perguntado que forma tem o mundo, eu teria dito que a forma de uma planície imensa, tão imensa que não podia me sentir menos que desolada. Esse lugar sem obstáculos — sem mais obstáculo do que o de sua imensidão — surgiu diante de meus olhos, antes de qualquer outra paisagem, como um espaço sem marcas, aberto a todas as possibilidades, um lugar que me permitiria — quando me dessem as pernas, quando o tempo passasse, quando eu crescesse — avançar em qualquer direção, um território confiável que, a princípio, só esperava que eu o percorresse. Mas poder avançar em todos os sentidos, penso, é talvez a melhor maneira de não avançar em nenhum, a maneira de ficar detido à beira do campo, sem outra coisa além de olhar.

Não é ruim olhar, olhar se fosse possível, até o limite do possível, olhar até compreender. Parada à beira do campo que se estende diante de meus olhos, minha possibilidade de olhar acaba na linha do horizonte. Nos primeiros planos não existem sobressaltos, somente sulcos abertos e sementes que prosperam, e até parece que a vida é simples demais. Os mistérios que se me oferecem estão mais distantes, lá nos últimos planos que meus olhos percebem, e podem se resumir na palavra *infinito*. Passará muito tempo para que eu possa compreender que, tal como essa paisagem, a poesia é feita de silêncio, de infinito. Inquieta-me e não tardará a me agoniar que toda essa imensidão esteja tão cheia de nada, vazia, oca.

Se a imensidão do campo me angustia, volto-me para as pessoas que transitam pelo povoado. Isso implica girar sobre meu eixo e, por um momento, dar as costas para a terra arada, oca, para olhar para o povoado, rodar do vazio para o cheio, do infinito para o cotidiano. Ir de passagem até o dicionário e confirmar que oco vem de *occa*, que em latim significa rastilho, e que *rastilhado* — também se poderia dizer arado — e *oco* têm origem comum, são, no fundo, a mesma coisa. Se olho para o povoado, o que vejo são as ruas de terra, as veredas largas, as casas baixas que constituem o limite de um povoado. O lugar do povoado onde estou parada, e onde por enquanto vivo, é conhecido como o lado Sul e, como no mundo, é um lugar obrigado a gritar que também existe, porque tudo — o centro, a estrada, a avenida, os estabelecimentos — está no lado Norte.

Olho então o Sul, o lado Sul do povoado e das coisas, e olho a gente singular que caminha por esse bairro do Sul: todos têm vidas cheias de história e contrastam comigo, que somente tenho a vocação de olhar. Não sei quando foi, mas em algum momento compreendi que, para escrever, não é necessário ter uma vida interessante, mas é necessário exercitar o olhar, até o ponto de perceber o interessante das vidas alheias. Tive de pronto uma certeza: quero ser observadora da vida dos outros, quero ser *a que olha* e a que deixa a constância de seu olhar; quero contar, ser a testemunha que olha de um lugar e deixa que esse lugar, esse lugar do mundo onde está, impregne seu olhar.

Gostava de ver os trens passarem da plataforma ou da casa de minha amiga Adriana: o *Sierranoche*, o *Rápido*, o *Rayo de Sol*; imaginar, atrás das janelinhas do vagão-
-restaurante, a passagem fugaz de um gesto que traga em cadeia outros que teçam uma teia de aranha de gestos, uma vida, porque cada um que passava tinha,

com certeza, uma vida digna de ser contada, e eu queria aprender a vê-la por trás da aparência enganosa dos dias. Queria guardar algo permanentemente, que resistisse à fugidia corrente do fugaz. Reter, agora eu sei, por um instante, o fugaz da vida alheia. Mas é alheia a vida dos outros? Por acaso não vemos na dos outros a própria vida e, com a própria vida, as próprias misérias?

Olhar, então, nas vidas alheias para nos vermos ou, o que é o mesmo, contar as vidas alheias para dar conta de nosso modo de ser e de olhar.

REFERÊNCIAS BIBLIOGRÁFICAS

CALVINO, Italo. *El camino de San Giovanni*. Barcelona: Tusquets, 1991. [ed. bras. *O caminho de San Giovanni*. São Paulo: Companhia das Letras, 2000.]

RILKE, Rainer Maria. *Cartas a un joven poeta*. Madri: Alianza Editorial, 1980. [ed. bras. *Cartas a um jovem poeta*. São Paulo: Globo, 2001.]

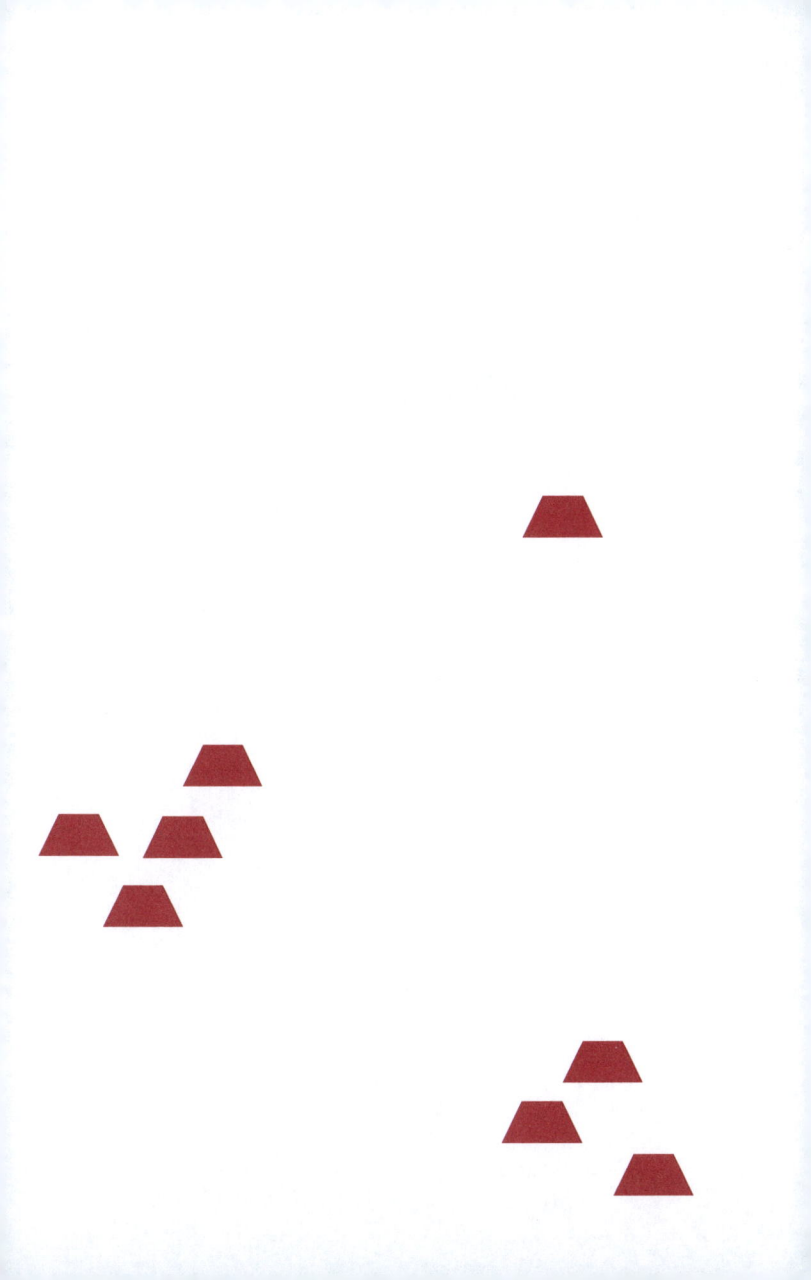

Algumas questões em torno do cânone*

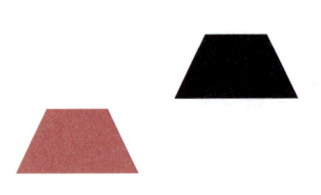

* Lido no II Argentino de Literatura. Universidad Nacional del Litoral. Santa Fé, junho de 2006. Mesa de literatura infantil: Sobre os problemas do cânone.

1. Cana, vara, norma, regra, preceito, modelo, protótipo são as acepções de cânone dadas pelo dicionário castelhano. Deveria, então, partir do fato de que a ideia de cânone como norma, preceito ou protótipo não me agrada. Prefiro muito mais que a literatura seja um redemoinho, sempre se desacomodando... porque — como disse Lotman[1] — é sempre dialética a relação entre o canonizado e o não canonizado numa cultura, e esse movimento permanente faz que os que estão fora tendam a ocupar o centro e batalhem por inserir seus modelos, deslocando outros que estão dentro, porque não existe centro sem periferia, e "o literário", em cada caso, tempo e lugar, precisa do "não literário" para se definir. De modo que todo cânone necessita da ameaça externa — a ameaça do não canônico —, e é desse exterior não canonizado que se originam as reservas da literatura que virá.

---

[1] Yuri Lotman (1922-1993), semioticista soviético, foi um dos precursores do estruturalismo e fundador da Escola Tartu de semiótica cultural. [N.E.]

2. Presente/Passado. Um cânone é uma leitura do presente rumo ao passado, para decidir o que ensinar, o que antologiar, como fazer para que certos livros permaneçam vivos e sejam lidos pelas gerações que nos seguem. Leitura de leitores que nos arrogamos a faculdade de dirigir as leituras dos demais. Retomo a frase: *para que certos livros permaneçam vivos*, e em seguida surge o paradoxo, porque o canonizado se fixa, endurece, tende a se converter em monumento, ou seja, no que diz respeito à leitura como um ato irreverente (que é o conceito de leitura que me interessa), poderíamos dizer que tende a morrer. O *Quixote* convertido em brindes e celebrações, de que falava Borges[2], ou em um livro que não precisa ser lido porque as gerações precedentes já o leram por nós, como diz Raúl Dorra.

3. Cada leitor constrói seu cânone. Horacio González[3] fala da picada, Barthes[4] fala de *punctum*. Está se referindo a fotografias, mas poderia se referir a livros. Diz: *"Não sou eu quem vai buscá-lo, é ele que sai da cena como uma flecha e vem me picar. Em latim existe uma palavra para designar essa ferida, essa picada, essa marca; [...] a esse elemento que vem perturbar [...] chamarei punctum, [...] pois punctum é picada,*

---

2 Jorge Luis Borges (1899-1986), escritor argentino. [N.E.]

3 Horacio Luis González (1944-), sociólogo, professor e ensaísta argentino. [N.E.]

4 Roland Barthes (1915-1980), crítico literário e filósofo francês. [N.E.]

furinho, pequena mancha, pequeno corte, e também casualidade". Cada (bom) leitor constrói seu cânone, além do que é canonizado pela Academia, pela escola ou pelo mercado. *"A glória de um poeta depende da excitação ou da apatia das gerações de homens anônimos que a põem à prova, na solidão de suas bibliotecas [...]. Eu, que me resignei a pôr em dúvida a indefinida perduração de Voltaire ou de Shakespeare, creio (nesta tarde de um dos últimos dias de 1965) na de Schopenhauer e na de Berkeley.*[5] *Clássico não é um livro que possua necessariamente tais ou quais méritos, é um livro que as gerações dos homens, urgidas por diversas razões, leem com prévio fervor e com uma misteriosa lealdade",* diz Borges.

4. Fervor/Lealdade. Ocorre com alguns livros: abrem em nós uma fenda que não nos permite esquecê-los. Não se trata exatamente dos melhores livros, mas daqueles que nos disparam uma flecha que, como o amor, como o amado, não atinge todos igualmente. Não entesouramos o livro mais bem escrito, mas aquele que, possuidor de um *punctum* que o aloja em nossa memória, continua nos questionando acerca de nós mesmos. Como o colecionador que distingue uma peça única entre tantas e a retém para si, cada leitor monta seu

---

5 Voltaire (1694-1778), escritor e filósofo francês; William Shakespeare (1564-1616), dramaturgo e poeta inglês; Arthur Schopenhauer (1788-1860), filósofo alemão; George Berkeley (1685-1753), filósofo irlandês. [N.E.]

cânone pessoal. *"Livros como diademas escavados na leitura"*, diz Horacio González.

5. Cânone e docência. A tentativa de canonizar (selecionar, fixar, deter e preservar) se soma à docência. Trata-se da discussão acerca do que ensinar: que livros são mais representativos e valem a pena ser lidos pelas novas gerações? Considerar o problema do cânone é, então, também — e particularmente na LIJ [literatura infantil e juvenil] — se perguntar como selecionar as leituras dos programas escolares.

6. Memória/Esquecimento. Centro/periferia, alto/baixo, interior/exterior, estabilidade/mudança, tradição/vanguarda, previsibilidade/imprevisibilidade estão no coração dessas questões em torno do cânone. Gostaria de me deter especialmente na dupla memória/esquecimento: a escolha de uns textos e o esquecimento de outros. Assim, o que é escolhido perdura — perdura porque é valioso; porque perdura, adquire valor —, e o que é mais longevo pode ser considerado de maior qualidade; desse modo (e essa ideia, sim, me agrada), o canonizado seria o antípoda da busca da novidade (que é muito diferente da busca do novo); refiro-me à novidade novidadeira e efêmera que o mercado exige.

7. Vara para fazer medições. O cânone — o que lê, o que deveria ler uma geração — é também um instrumento de controle social. Retomo um de seus sentidos: vara para fazer medições, assim é o cânone que aparece nos suplementos culturais dos periódicos de massa sob o título de "Os livros mais vendidos" ou em notas literárias frutos de operações editoriais de publicidade dissimulada. Cânone efêmero, que orienta as vendas e que os especialistas em técnica de mercado preparam com fervor.

8. Cânone de autores/Cânone de textos. Atualmente, os cânones de autores têm sido substituídos pelos cânones de obras. A literatura infantil, entretanto, num procedimento que apenas há alguns anos começou a romper-se, foi atrás desse conceito porque, muito mais que textos, canonizou autores. Trata-se um modo de canonização mais perigoso, que pode converter um autor em marca registrada, abarcando de modo indiscriminado em direção à totalidade de sua obra — incluídos, muitas vezes, textos visivelmente menores ou uma repetição infinita de si mesmos — grandes volumes de compras. Cânone como proposição de um único ideal de escritura, quando o traço próprio, particular e diverso, o desvio, para usar as palavras do poeta Néstor Perlongher, é o que é verdadeiramente interessante no processo criativo. *"Tanto tempo buscando um traço pessoal para que depois queiram que pinte como todos"*, me dizia há pouco o ilustrador Jorge Cuello. Assim vem acontecendo na LIJ argentina: proliferação de textos "à maneira de" certos autores já consagrados... Plêiades de escritores repetindo seus procedimentos até o ponto de não se poder distinguir um livro de outro e plêiades de seguidores repetindo até a exaustão temas, modismos, recursos de escrita que já conquistaram um lugar e cujas vendas estão garantidas.

9. A literatura infantil não tem sido considerada pela Academia. A queixa dos autores, de que a literatura infantil não tem sido considerada pela Academia, é constante. Nós a temos repetido desde o início dos anos 1980; porém, não é justamente o esquecimento da Academia que tem favorecido a proliferação de escritores e escritos de qualidade duvidosa, que são vendidos em quantidades que um escritor que publica no circuito adulto não poderia imaginar? Esquecimento da Academia. Inexistência da crítica. Nenhum risco editorial. E a escola como mercado cativo. Essas são as quatro patas que nos trouxeram até aqui, ou, pelo menos, até um momento que eu fixaria em torno da debacle de 2001, quando se começa a perceber um crescimento do interesse acadêmico, um começo de desenvolvimento da crítica especializada e o nascimento de pequenos empreendimentos editoriais (de capital nacional).

10. Variedade/Uniformidade. Como fazer para estar no centro e à margem? Em toda cultura, dois mecanismos contrapostos trabalham: a tendência à variedade e a tendência à uniformidade. Também acontece isso no interior de cada escritor, e então a escrita se coloca num ponto de tensão entre esses dois extremos: *diversidade/uniformidade*. Enquanto preparava estas linhas, chegou-me uma entrevista de Enrique Butti. Cito um parágrafo porque diz, de modo mais eficaz que o de minhas palavras, a posição em que estou interessada em colocar-me na hora de escrever: *"A preocupação do escritor deve ser de escapar de seus limites ou, pelo menos, tratar de cavar túneis, poços, ir mais além. Nossa época canta loas aos escritores bem pautados e de caminhos asfaltados, quando não de autoestradas bem sinalizadas. A alternativa é constituída pelos autores que, graças a seu vagabundear, dilataram os alcances e a amplitude de seu estilo, autores preocupados não em estampar sua assinatura em cada linha de seus livros, mas arrebatados por saltos mortais sempre mais além...".*

As mudanças de gênero e de leitor potencial foram, para mim, modos de escapar dos enquadramentos que Butti chama de *"caminhos asfaltados, quando não de autoestradas bem sinalizadas"*. A esta altura dos anos e do jeito que vão as coisas, eu poderia dedicar-me exclusivamente a escrever livros para crianças. Esse é um espaço em que alcancei certo reconhecimento, não tenho maiores problemas para colocar editorialmente o que produzo e, por sua vez, os livros que publiquei — sem nunca terem sido um sucesso de vendas — se mantiveram ao longo do tempo, de modo que me trazem acertos de direitos autorais que, caso me dedicasse integralmente a produzir esse tipo de textos, poderiam ser engrossados. Para que, então, escrever poesia, por exemplo? Para publicá-la em pequenas edições alternativas, em troca de uns poucos exemplares que me são doados pela editora? Por que escrever contos que, como dizem em coro os editores, não vendem? Entretanto, sempre que termino um projeto de escrita (ou quando o abandono porque não funciona como eu gostaria), cruzo com antigos rascunhos que estão numa busca diametralmente oposta à que tinha nas mãos. É que não se trata apenas de escapar dos enquadramentos ou dos rótulos que os leitores ou os editores possam nos colocar, mas, sobretudo, dos próprios enquadramentos, rótulos e estereótipos. Trata-se de gerar estratégias para permanecer em constante incômodo, se entendermos a escrita como uma exploração, um caminho de conhecimento.

11. Adequação/Exploração. Em relação a isso, gostaria de citar umas linhas sobre Raymond Carver escritas por sua mulher no prólogo de um de seus livros de poemas, porque têm a ver com a exploração, com esse incômodo interno a que me refiro, com a dialética entre o próprio centro e os próprios arrabaldes: *"Ray usou sua poesia — diz Tess Gallagher — para tirar o tigre de seu esconderijo; [...] desobedecia conscientemente às pressões que sofria para que escrevesse contos porque era no que sua reputação se centrava e pelo que recebia maiores recompensas em termos de reconhecimento e de público. Não lhe importava. Quando recebeu o prêmio Mildred and Harold Strauss, concedido somente a escritores de* *prosa, imediatamente sentou-se e escreveu dois livros de poesia. Não estava 'fazendo carreira'; vivia uma vocação, e isso significava que sua escrita, fosse poesia ou prosa, estava ligada a determinações íntimas que insistiam mais e mais numa apreensão cada vez mais imediata de seus temas…".* Trouxe esse parágrafo também para dizer que é preciso ter um sentido ético sem fissuras para sustentar o que ele sustentou e o que se disse aqui. E para afirmar que a ética do estético — a busca dessa verdade interna da escrita — é, para mim, (agora que falamos de centro e periferias) essencial num escritor e, mais ainda, que se trata de uma construção que dura a vida toda. Centro do fazer que se sustenta na possibilidade interna de forçar os próprios limites, de explorar os confins da experiência, os próprios arrabaldes.

12. Tradição/Vanguarda. Todo escritor se coloca em algum ponto entre a tradição e a vanguarda, mas onde um escritor que escreve "para crianças" deve procurar a tradição ou a vanguarda? Na tradição literária universal? Na tradição universal da literatura destinada às crianças? Na tradição literária argentina? Na literatura argentina para crianças? Em que tradição deve/quer/pode inscrever-se uma escritora argentina de hoje que, entre seus livros, escreveu alguns destinados a jovens leitores?

13. Literatura/Infantil. O que vem primeiro? O substantivo ou o ambíguo adjetivo? De que pais aprender? Embora leia uma quantidade considerável de livros destinados a crianças e jovens, inclusive muito material inédito, em minha recente função de diretora de uma coleção de livros para jovens, criou-se em mim, e assim permanece, a ideia de que é preciso buscar os pais no campo da literatura, sem adjetivos.

14. A literatura infantil/Os começos. Comecei a trabalhar na literatura infantil num momento que era, ao mesmo tempo, o final da ditadura e o início de minha maternidade e da fundação do CEDILIJ [Centro de Difusión e Investigación de la Literatura Infantil y Juvenil], instituição que ajudei a formar e que, por sua vez, me formou, um período — fins de 1983/início de 1984 — que os pesquisadores passaram a considerar como os anos de constituição. Nesse marco de fervor democrático nascente, fundamos — no decorrer de 1983/1984 — um centro de LIJ, em busca de um espaço mais especificamente literário para esse tipo de livro, um espaço que se opusesse a posturas mais conservadoras e utilitárias. O que buscávamos revisar, quando não combater, eram os fins didáticos, os textos funcionais, a escolarização dos textos destinados às crianças. Acabávamos de fazer estudos literários, quase todas egressas do curso de Letras, e queríamos nos fixar sem rodeios na literatura. Se houvesse um adjetivo que eu teria atribuído então à LIJ, além de "didática" (palavra que usávamos para tudo o que não nos agradava), esse adjetivo seria "marginal"; ela —

a literatura infantil e juvenil — era algo que estava à margem da literatura e nas bordas do mundo editorial e, tal como nós a entendíamos, estava fora da escola e longe de todas as estratégias de venda. Estava à margem, e queríamos levá-la para o centro. Para o centro da escola, especialmente. Para o centro da escola, convertida — dizíamos com orgulho — em verdadeira literatura. Nossas inúmeras conversas, jornadas, cursos, seminários e encontros daqueles anos começavam e terminavam quase invariavelmente com a frase "porque a literatura infantil também é literatura".

15. Proprietários/Inquilinos. Não pertencer de modo exclusivo a essa área, dividir esse fazer escritural com outros (a narrativa ou a poesia para adultos, como é meu caso) tem suas desvantagens na hora da divulgação. Já se sabe: todo campo reivindica pertencimento, demanda fidelidade. Entretanto, na hora de escolher novelas, livros de contos ou de poemas para a coleção destinada a jovens leitores que dirijo, o mais interessante provém quase sempre de escritores que não escrevem exclusivamente para crianças ou jovens. Eu gostaria que o campo da LIJ não tivesse proprietários, mas inquilinos, visitantes e viajantes, gente que simplesmente escreve e em cuja escrita por vezes assoma algum escrito que pode ser lido por leitores crianças ou jovens. Como aconteceu com Clarice Lispector, Ionesco, Saramago, Bradbury, Colasanti, Dino Buzzati ou

Calvino...[6] um campo de florzinhas à maneira daquelas que Daniel Divinsky[7] plantou certa vez. Parece-me que, num campo com essas características, poderíamos facilmente dizer *por que a literatura infantil também é literatura*. E estaria certo.

16. No centro do quê? Naqueles anos, nosso mundo e o mundo de todos era um pouco mais bipolar que o de hoje, e era então simples saber de que lado se estava e contra quem disparávamos nossos dardos. Certos autores daquele tempo (nenhum deles perdurou), certas coleções e editoras (hoje, todas desaparecidas), certos espaços de formação não eram recomendáveis para nós. E mais, em muitos casos, eram claramente nossos inimigos, pois, por trás dos livros de pouco ou nenhum valor literário que escreviam, editavam ou difundiam, se entrincheiravam posturas ideológicas que repudiávamos. Tínhamos muito claro que era preciso difundir outros autores e outros livros, que era preciso fundar

---

6 Clarice Lispector (1920-1977), escritora brasileira nascida na Ucrânia; Eugene Ionesco (1912-1994), dramaturgo romeno; José Saramago (1922-2010), escritor português; Ray Douglas Bradbury (1920-), escritor estadunidense; Marina Colasanti (1937-), escritora ítalo-brasileira; Dino Buzzati (1906-1972), escritor italiano; Italo Calvino (1923-1985), escritor italiano. [N.E.]

7 Daniel Divinsky (1942-), editor argentino. Fundou, em 1967, e é diretor da mítica Ediciones de La Flor, que publica, entre tantos outros nomes de peso, Quino, o autor de *Mafalda*. [N.E.]

outras editoras e revistas e, sobretudo, que era necessário construir outra qualidade de mediadores. Tudo (ou quase tudo) estava por fazer, e tínhamos, para recomendar, uns poucos escritores, cada um deles com um, dois, não muito mais, livros publicados. O que, a nosso ver, era então recomendável e, quase sem exceção, o que perdurou dos anos 1980 até nossos dias, nós os canonizamos (refiro-me ao conjunto de instituições, publicações, congressos e editoras que surgiram naquela época) em nossos cursos, seminários, campanhas de leitura, revistas, reconhecimentos públicos e resenhas. Começamos por erguer uma ponte entre aquele ontem apocalíptico e este hoje integrado, porém, a seguir, naquele futuro que é hoje nosso presente, às vezes, muitas vezes, não soubemos distinguir — entre os inúmeros livros editados que chegaram mais tarde — os que podiam nos revelar algo sobre nós mesmos de outros que eram puro papel inútil, letra impressa incapaz de dizer qualquer coisa.

17. Utilitarismo, mercado e outras ervas. Devemos situar esse nascimento do campo, nossa inserção nesse campo e o fervor militante de então no contexto social: fim da ditadura, ilusório renascer da democracia, primavera alfonsinista[8]. Estávamos construindo

---

8 Referência ao governo do presidente Raúl Alfonsin, de 1983 a 1989. [N.E.]

algo novo e, paralelamente, o mundo também estava. Não éramos um cogumelo sozinho no meio do campo, vivíamos um contexto que exigia esses nascimentos e ouvíamos uma escola que estava pedindo outra coisa. Desse lugar nos voltávamos para certos modelos, a escassíssima tradição da literatura infantil que nos precedia: Javier Villafañe, María Elena Walsh, Syria Poletti, María Granata, José S. Tallon, Laura Devetach, Nelly Canepari, Edith Vera, Jorge W. Abalos... — alguns com apenas um livro publicado ou até com cópias datilografadas circulando por fora de todo o mercado — conformavam para nós o pequeno universo modelo desse campo literário nascente, incipiente, nos primórdios da década de 1980. Foram anos de militância pelo livro, pela leitura, pela literatura, anos fortemente carregados de voluntarismo, sentido militante e grandes ideais. Nesse nosso arremeter de então para o centro do instituído para gerar um novo cânone — no qual surgiram em cena Graciela Montes, Graciela Cabal, Gustavo Roldán, Ema Wolf, Ricardo Mariño... entre outros, que, somados aos nomes anteriores, poderiam ser considerados o cânone fundante —, duas questões assomavam como grandes desafios a ser resolvidos no futuro, duas questões — também devemos dizer — que ainda estão pendentes. Uma delas tem a ver com a observação de novas formas de um utilitarismo que não terminou, aspirações didáticas não ligadas às boas maneiras, mas ao que se poderia chamar de nobres ideais, questões como a função social dos textos, a educação em valores, a preocupação com o que então chamávamos de "temas tabu", questões que persistem hoje de muitas maneiras, grosseiramente explícitas ou de modos mais sutis, como o mencionam as reflexões feitas por Marcela Carranza em *A literatura a serviço dos valores, ou como conjurar o perigo da literatura*[9], publicado em *Imaginaria*[10], ou por Cecilia Bajour em *Abrir ou fechar mundos: a escolha de um cânone*[11], lido em novembro de 2005 no Seminário Internacional Feira do Livro Infantil do México, ou as reflexões de ambas em *Abrir o jogo na literatura infantil e juvenil*[12], também publicado em *Imaginaria*, ou as de Claudia López sobre as *Venturas e desventuras do cânone literário na escola*[13], publicado em *La Mancha*, assim como as permanentes reflexões de Graciela Montes a respeito dos mandatos e currais da zona literária que nos ocupa. A outra questão, mais mediata, imprevisível naqueles anos, tem a ver com a criação de leitores e a promoção da escola como a grande compradora de livros, o que se transformou na explosiva aparição do mercado e suas estratégias de venda: canonização de autores mais que de textos;

---

9 No original, *La literatura al servicio de los valores, o cómo conjurar el peligro de la literatura*. [N.E.]

10 Revista eletrônica argentina sobre literatura infantil e juvenil. [N.E.]

11 No original, *Abrir o cerrar mundos: la elección de un canon*. [N.E.]

12 No original, *Abrir el juego en la literatura infantil y juvenil*. [N.E.]

13 No original, *Venturas y desventuras del canon literario en la escuela*. [N.E.]

aceitação de livros "por tabela", sem filtro crítico; (mais) venda do que é mais vendido, considerando-se os volumes de vendas como única prova de qualidade, sob a ideia de que "se as crianças gostam, deve ser bom" (o que é promovido com obsceno merchandising...); e algo mais que surgiu com tudo isso: a banalização da figura do escritor contratado para ir às escolas com o objetivo de fazer uma espécie de "promoção de si mesmo", que, se no começo tinha o bom propósito de provocar um encontro com os leitores, com frequência acaba se convertendo numa ação que, em vez de chamar a atenção para o livro, o substitui.

18. Uma mesa de muitos pés. Enfim, que um campo deve se apoiar em várias pontas: os estudos acadêmicos, o rigor do aparato crítico, a formação leitora de docentes, bibliotecários e outros mediadores, a ética estética dos criadores, a capacidade de risco dos editores. Parece-me que boa parte do que ocorreu, em termos de grande circulação de tantos livros paupérrimos na LIJ de nosso país, teve a ver — pelo menos até há alguns anos — com a escassa ou nula existência de espaços de pesquisa e crítica e com o advento de um modo de leitura alerta nas legiões de mediadores, formadores, mestres, bibliotecários, coordenadores de oficinas e técnicos de programas e campanhas de leitura, o que deixou os grandes grupos editoriais nesse campo liberados para o que poderíamos chamar de *a conquista da escola*.

19. Leitura alerta e flechada. Leitura alerta, digo a mim mesma. Alerta para a picada mencionada por Horacio González ou para o *punctum* de Barthes, para aquilo que se produz quando não esperamos, quando, esquecidos dos destinatários aos quais poderia ser "apropriado" lê-lo, esquecidos de sua possível utilidade em sala de aula e ignorantes de sua eficácia para ensinar estas ou aquelas coisas, esquecidos também do que estávamos buscando nele, o livro que temos em mãos nos atinge, deixa escapar uma flecha que nos acerta e nos perturba. Livro que, quando nos chega, é uma pequena mancha, um furinho e também casualidade, alegria de termos sido flechados, ignorando o depois, o como e o para quê, esquecidos também disso que devíamos fazer: escrever algumas linhas sobre os problemas do cânone.

ARÁN, Pampa Olga. *Texto, memoria, cultura. El pensamiento de Iuri Lotman*. Córdoba: El Espejo Ediciones, 2005.

BARTHES, Roland. *La cámara lúcida. Nota sobre la fotografía*. Buenos Aires: Paidós Comunicación, 1997. [ed. bras. *A câmara clara*. Rio de Janeiro: Nova Fronteira, 2011.]

BORGES, Jorge Luis. "Sobre los clásicos". In: *Otras inquisiciones. Obras completas*. Buenos Aires: Emecé Editores, 1994. [ed. bras. *Obras completas*. São Paulo: Globo, 1998-1999. 4 v.]

BUTTI, Enrique. Entrevista. *Diario el Litoral*, Santa Fé, 23 de junho de 2006.

CARRANZA, Marcela. "La literatura al servicio de los valores, o cómo conjurar el peligro de la literatura". *Imaginaria. Revista Quincenal sobre Literatura Infantil y Juvenil*, n. 181, Buenos Aires, 24 de maio de 2006. Disponível em: http://www.imaginaria.com.ar/18/1/literatura-y--valores.htm.

_____.; BAJOUR, Cecilia. "Abrir el juego en la literatura infantil y juvenil". *Imaginaria. Revista Quincenal sobre Literatura Infantil y Juvenil*, n. 158, 6 de julho de 2005. Disponível em: http://www.imaginaria.com.ar/15/8/abrir-el-juego.htm.

DORRA, Raúl. *Cervantes en la novela. Entre la voz y la letra*. Cidade do México: Plaza y Valdés Editores, 1997.

GALLAGHER, Tess. "Introducción". In: CARVER, Raymond. *Un sendero nuevo a la cascada*. Madri: Visor, 1993.

GONZÁLEZ, Horacio. "La escritura feliz". In: SUED, Susana Romano; ARÁN, Pampa (orgs.). *Los '90. Otras indagaciones*. Córdoba: Epoké Ediciones, 2005.

LÓPEZ, Claudia. "Venturas y desventuras del canon literario en la escuela". *La Mancha. Papeles de literatura infantil y juvenil*, n. 5, Buenos Aires, novembro de 1997.

MONTES, Graciela. *La frontera indómita. En torno a la construcción y defensa del espacio poético*. Cidade do México: Fondo de Cultura Económica, 1999.

PERLONGHER, Néstor. *Evita vive e outras prosas*. São Paulo: Iluminuras, 2001.

Por uma literatura sem adjetivos*

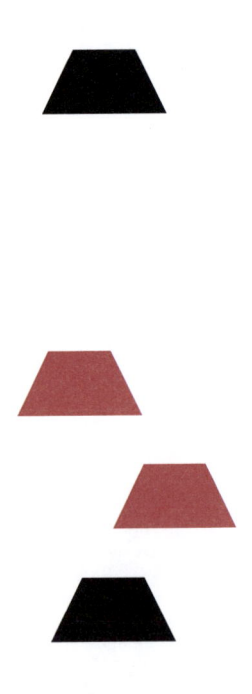

* Lido na Jornada de
Literatura Infantil e Juvenil.
Facultad de Filosofía y
Letras. Universidad de
Buenos Aires. Buenos Aires,
5 de julho de 2008.

> *A arte não tem sentido se não considerar*
> *que se dirige a uma sociedade da qual*
> *seu discurso se alimenta.*
> GRISELDA GAMBARO

Tomei como referência para minhas reflexões, como o próprio título anuncia, aquele texto que Juan José Saer[1] intitulou "Uma literatura sem atributos", porque alguns de seus pontos me fizeram pensar na relação, sempre inquietante para mim, entre a literatura para crianças e a literatura tão somente.

PARA QUE SERVE A FICÇÃO?

Para que serve a ficção? Tem alguma utilidade, alguma funcionalidade na formação de uma pessoa, em nosso caso, de uma criança, ou seja, justamente de uma pessoa em formação? Todos nós, homens e mulheres, vamos ao dicionário para saber sobre as palavras, aos livros de ciência para saber de ciência, aos jornais e às revistas para ler as notícias da atualidade e aos cartazes de

---

1 Juan José Saer (1937-2005), escritor argentino. No original, *Una literatura sin atributos.* [N.E.]

cinema para saber os filmes que estão passando. Mas para onde vamos quando queremos saber sobre nós mesmos? Nós, os leitores, vamos à ficção para tentar compreender, para conhecer algo mais acerca de nossas contradições, nossas misérias e nossas grandezas, ou seja, acerca do mais profundamente humano. É por essa razão, creio eu, que a narrativa de ficção continua existindo como produto da cultura, porque vem para nos dizer sobre nós de um modo que as ciências ou as estatísticas ainda não podem fazer. Uma narrativa é uma viagem que nos remete ao território de outro ou de outros, uma maneira, então, de expandir os limites de nossa experiência, tendo acesso a um fragmento de mundo que não é o nosso. Reflete uma necessidade muito humana: a de não nos contentarmos em viver uma única vida e, por isso, o desejo de suspender um pouco o transcurso monocórdio da própria existência para ter acesso a outras vidas e outros mundos possíveis, o que produz, por um lado, certo descanso ante a fadiga de viver e, por outro, o acesso a aspectos sutis do humano que até então nos haviam sido alheios. Assim, as ficções que lemos são construção de mundos, instalação de "outro tempo" e de "outro espaço" "nesse tempo e nesse espaço" em que vivemos. Uma narrativa ficcional é, portanto, um artifício, algo, por sua própria essência, liberado de sua condição utilitária, um texto no qual as palavras *fazem outra coisa*, deixaram de ser funcionais, como deixaram de sê-lo os gestos no teatro, as imagens no cinema, os sons na música, para buscar, através dessa construção, algo que não existia, um objeto autônomo que se agrega ao real. A ficção, cuja virtualidade é a vida, é um artifício cuja leitura ou escuta interrompe nossas vidas e nos obriga a perceber outras vidas que *já foram*, que são passado, posto que são narradas. Palavra que chega *pelo que diz*, mas também *pelo que não diz*, *pelo que nos diz* e *pelo que diz de nós*, tudo que facilita o caminho até o assombro, a comoção, o descobrimento do humano particular, mundos imaginários que deixam surgir o que cada um traz como texto interior e permitem compartilhar os textos/mundos pessoais com os textos/mundos dos outros. Possibilidade de criar um impasse, de esgueirar-se, por um momento, da pesada flecha do real que, indefectivelmente, nos atravessa, para imaginar outros roteiros.

UM OLHAR SOBRE O MUNDO

A obra de um escritor não pode ser definida por suas intenções, mas por seus resultados. Se há algo em comum entre os bons escritores de diferentes épocas é justamente que eles têm pouco em comum uns com os outros e, às vezes, até se diferenciam fortemente ou se opõem francamente uns aos outros. Surge, então, uma primeira certeza: um bom escritor é um escritor diferente de outros escritores. Alguém que, pela própria essência do que faz, atenta contra a uniformidade que tende a se impor, resiste, por assim dizer, ao global; alguém preocupado em perseguir uma imagem do mundo e construir com ela uma obra que pretenda universalizar sua experiência. Olhando, então, para o mais privado e pessoal, é como um escritor pode se tornar universal; esse é o sentido que têm as conhecidas palavras de Tolstói[2]: *"pinta tua aldeia e pintarás o mundo"*. A criação nasce, pois, do particular, qualquer que seja a particularidade que, como ser humano, caiba a quem escreve, e é o foco no pequeno que permite, por meio do metafórico, inferir o vasto mundo, olhando muito do pouco, como quer o preceito clássico. Assim, buscando uma forma inteligível e altamente condensada para as imagens que persegue, um escritor põe a nu, desnudando-se a si mesmo, aspectos insuspeitados da condição humana.

UM BOM ESCRITOR NEGA-SE A ESCREVER CONFORME A DEMANDA

Um bom escritor resiste a escrever sob dogmas estéticos e/ou políticos e, certamente, nega-se a escrever conforme a demanda das tendências de mercado e das "modas" de leitura, porque baseia sua estética no questionamento de certos dogmas e porque escreve não

2 Liev Tolstói (1828-1910), escritor russo. [N.E.]

para demonstrar certas verdades, mas para buscá-las no processo de escrita, que é, em si mesmo, um caminho de conhecimento. Um escritor que se preze recusará, *a priori*, qualquer proposta e seguirá em busca de algo mais valioso: o caminho de exploração que a escritura de uma obra propõe, caminho provocado e ao mesmo tempo produtor daquele olhar pessoal sobre o mundo de que falávamos, que, por meio de uma forma estética que o abarque, é o único que pode aproximar quem escreve de seus leitores. Isso é válido para todos os escritores, qualquer que seja o gênero pelo qual transitem e qualquer que seja seu olhar sobre o mundo. É justamente por isso que o trabalho de um escritor não pode ser definido de antemão, porque o pensamento se modifica no próprio processo de escrita, que é sempre incerto, feito de sucessivas decisões tomadas à medida que se escreve. De modo, então, que, para escrever, é preciso ter grande disponibilidade para a incerteza e para o questionamento dos próprios atributos e condições.

RENTABILIDADE E QUALIDADE

A leitura e a experiência estética encontram-se entre os exercícios mais radicais de liberdade. Porém, por estratégias econômicas dos grandes grupos editoriais, o leitor — e mais ainda o leitor criança e o leitor jovem — é, muitas vezes, condicionado de antemão por informações e conteúdos impostos por meio de elementos extraliterários. Nas capas dos livros, na publicidade e na divulgação das listas de obras mais vendidas, a qualidade literária de um livro costuma ser um assunto cujo valor passa para segundo plano. O imperativo único da rentabilidade fornece as pautas que um livro deve seguir para que tanto o escritor como o leitor/consumidor se adequem a elas. Assim, se quiser vender muito, um livro deve ser definido antecipadamente para que nada escape ao planejamento e ao controle (sempre na linha do que vende bem, do que se supõe que funcionará porque já foi provado no mercado, assimilando a leitura — cuja experiência é tão pessoal — a outros produtos de consumo massivo). Por consequência, certas denominações que deveriam ser simplesmente informativas convertem-se em categorias estéticas. É o que ocorre com a expressão "literatura infantil" e também, ou mais ainda, com a expressão "literatura juvenil". Essas expressões, muito comuns nesses meios, mas, sobretudo, na publicidade editorial — e especialmente nas estratégias de venda destinada aos docentes e às escolas —, estão carregadas de intenções e são portadoras de valores (e, diga-se de passagem, a questão dos "valores" se converteu, assim, num fértil recurso de venda de livros infantis, nem sempre de qualidade, orientados para a adoção escolar). O emprego desses rótulos (literatura infantil/literatura juvenil e, nesse marco, literatura de valores/

literatura para educação sexual/literatura com temática ecológica/literatura sobre bons costumes e urbanidade/literatura para os direitos humanos/literatura para aprender a viver em novas estruturas familiares e tantas outras classificações que poderíamos preencher) pressupõe temas, estilos, estratégias e, sobretudo, as metas e o planejamento antecipado de um livro em relação a determinada função que se acredita que ele deve cumprir. Atribui-se à literatura infantil a inocência, a capacidade de adequar-se, de adaptar-se, de divertir, de brincar, de ensinar e, especialmente, *a condição central de não incomodar nem desacomodar*, e é assim que outros aspectos e tratamentos estão muito pouco presentes, e, quando estão, aparecem com demasiada frequência tingidos de "deve ser assim", de obediência temática ou de suspeita adaptabilidade curricular. Os autores de textos e ilustrações estão conscientes dessa situação? Ou contribuem com inocência peregrina para o funcionamento da engrenagem? Tenho ouvido constantemente, de escritores desse campo, a justificativa pela baixa qualidade de um texto: "Acontece que eu vivo disso"; e também já ouvi ilustradores se justificarem por ter posto seu ofício a serviço de textos muito pobres com frases como: "Tinha que pagar a conta de luz". É possível que a maioria dos autores deslize com certa inconsciência e inocência na armadilha dessa sobredeterminação, atuando, escrevendo ou desenhando conforme as expectativas do mercado ou do que se supõe que a massa de leitores — essa abstração que chamamos de mercado — espera ler, mas a inocência e a inconsciência não são qualidades das quais um adulto responsável possa se vangloriar, e menos ainda um escritor. Assim, grande parte dos livros destinados ao setor infantil e/ou juvenil — claro que com honrosas exceções de livros, autores, ilustradores e editores — procura uma escrita *correta*, quando não francamente frívola (politicamente correta, socialmente correta, educacionalmente correta), ou seja, fabrica produtos que são considerados adequados/recomendáveis para a formação de uma criança ou para seu divertimento. E já se sabe que *correto* não é um adjetivo que cai bem na literatura, pois a literatura é uma arte na qual a linguagem resiste e manifesta sua vontade de desvio da norma.

POR UMA LITERATURA SEM ADJETIVOS

A tendência a considerar a literatura infantil e/ou juvenil basicamente pelo que tem de infantil ou de juvenil é um perigo, uma vez que parte de ideias preconcebidas sobre o que é uma criança e um jovem e contribui para formar um gueto de autores reconhecidos, às vezes até mesmo consagrados, que não têm valor suficiente para serem lidos por leitores tão somente. Se a obra de um escritor não coincide com a imagem do infantil ou do juvenil do mercado, das editoras, dos meios audio-

visuais, da escola ou de quem quer que seja, deduz-
-se (imediatamente) dessa divergência a inutilidade do
escritor para que possa ser oferecido a esse campo de
potenciais leitores. Assim, à literatura para adultos ficam
reservados os temas e as formas que são considerados
de seu pertencimento, e a literatura infantil/juvenil é,
com demasiada frequência, relacionada ao funcional e
ao utilitário, convertendo o infantil/juvenil e o funcional
em dois aspectos de um mesmo fenômeno.

PERIGO

O grande perigo que espreita a literatura infantil e a
literatura juvenil no que diz respeito a sua categori-
zação como literatura é justamente de se apresentar, *a
priori*, como infantil ou como juvenil. O que pode haver
de "para crianças" ou "para jovens" numa obra deve ser
secundário e vir como acréscimo, porque a dificuldade
de um texto capaz de agradar a leitores crianças ou
jovens não provém tanto de sua adaptabilidade a um
destinatário, mas, sobretudo, de sua qualidade, e porque
quando falamos de escrita de qualquer tema ou gênero
o substantivo é sempre mais importante que o adjetivo.
De tudo o que tem a ver com a escrita, a especificidade
de destino é o que mais exige um olhar alerta, pois é
justamente ali que mais facilmente se aninham razões
morais, políticas e de mercado.

Em meio à permanente renovação de títulos, à rápida substituição de um livro por outro, um bom livro, um livro de qualidade literária, pode garantir sua circulação por um longo período, algo que também beneficia os bons editores, aqueles que fizeram o esforço e que assumiram o risco de publicar qualidade e diversidade, às vezes remando contra as tendências do mercado. A pressão para obter rendimentos imediatos tem um efeito perverso que atua contra os interesses do próprio círculo editorial, já que não contribui para criar novos e bons leitores. Porque os leitores, ou seja, os destinatários da atenção dos escritores e da indústria editorial, precisam ser construídos, e construir leitores, vocês bem sabem, é um persistente trabalho social que inclui docentes, bibliotecários, pais, técnicos, pesquisadores, críticos, promotores de leitura, editores, escolas, instituições não governamentais e Estado. Os resultados de se acreditar cegamente nas leis do mercado fazem que se confunda literatura com cifras de venda por título. São coisas muito diferentes, já que a literatura (além de ser parte da indústria editorial) é uma das expressões mais importantes da cultura e uma construção social que dá coesão e valor aos habitantes de um país e que, como tal, precisa ser cuidada, estimulada e protegida por todos. A literatura é, portanto, uma construção que vai até mesmo além do livro como objeto da cultura.

Um bom editor, um editor preocupado com a literatura, é alguém capaz de construir um catálogo perdurável, capaz de atender a melhor qualidade e a maior diversidade, talvez com menor concentração de vendas por título em benefício de melhores livros. Livros de mais qualidade, ainda que vendam, talvez, um número menor de exemplares; livros cujas vendas se sustentam em longo prazo, ao contrário da voracidade que reclama resultados imediatos e fabrica séries anódinas de rápida funcionalidade e pronto desaparecimento na memória dos leitores. Menos concentração de vendas por título, por um mundo de livros de qualidade mais diversificado. Trata-se de uma aposta sustentada com empenho por pequenos editores que buscam nas fissuras do mercado uma faixa especial, mais refinada, de leitores. Aposta cujos esforços, talvez em nome dessa literatura como construção social de todos, o Estado deveria apoiar e estimular de modo diferenciado.

AS EDIÇÕES DO ESTADO

Quando realiza compras com o dinheiro de todos, o Estado deve implementar mecanismos de seleção de altíssima transparência, em busca de livros de maior qualidade e que, por sua vez, agreguem uma diversidade de autores, editores e de estéticas inaugurais ou já existentes em nossa literatura. Isso em vez de fabricar livrinhos que são distribuídos como se fossem balas em estádios ou em praias. Não será desse modo, ou seja, com um livreto que transcreve um fragmento de um romance, às vezes até de uma novela para adultos, caído por acaso na mão de uma criança ou de um jovem, que converteremos essa criança ou esse jovem em leitor. E não o converteremos em leitor em razão, muitas vezes, da inadequação ou da fragmentação do material, sempre em razão da baixa qualidade da edição, bem como por conta da situação de desencontro em que esse material chega ao pretenso destinatário. Todos sabemos o quanto é difícil, para não dizer impossível, que uma criança se converta em leitor porque recebeu um livreto num estádio de futebol ou na praia. Silvia Bleichmar[3] diz que há inclusões que são exclusões. Uma criança ou um jovem tem direito a se converter em leitor, mas esse direito, se é que na verdade queremos concedê-lo, envolve ocasiões e espaços de encontro, como disse há alguns anos nossa querida Graciela Montes[4], muitas ocasiões e muitos, persistentes e contínuos espaços de encontro (quantidade, persistência e continuidade que, por outro lado, só são possíveis com mediadores capacitados e em projetos de longo prazo, nunca em ações pontuais que só resultam em mentirosos efeitos midiáticos), o que inclui o acesso àqueles livros que podemos comprar em livrarias, à qualidade e à diversidade desses livros e à

---

3 Silvia Bleichmar (1944-2007), psicanalista argentina. [N.E.]
4 Graciela Montes (1947-), escritora e tradutora argentina. [N.E.]

qualidade e à diversidade de vozes que os bons livros de uma cultura podem nos oferecer.

Acredito firmemente na importância da indústria editorial, da qual vivem muitas pessoas no país, uma indústria da qual temos muitas vezes podido nos orgulhar, pois, como se sabe, a Argentina ocupou nesse campo, em vários momentos de sua história, um lugar de destaque no mundo da língua castelhana. Para que a indústria editorial prospere, sabemos que faltam compradores de livros. E para que haja compradores de livros — sejam eles particulares, instituições ou o Estado —, falta construir leitores. Porém, conforme for a qualidade dos leitores que consigamos formar, igualmente será a qualidade dos produtos fabricados e vendidos para esse mercado potencial. A indústria existirá, então, igual e melhor — igual, digo, em sua produção, ou até mais potente —, mas editando livros de melhor qualidade, se conseguirmos melhores destinatários, ou seja, se formarmos leitores mais interessados, mais críticos, mais entusiastas e mais seletivos. Assim, é fundamental a tarefa que está sendo realizada por pessoas como vocês, interessadas na leitura e no livro, em seus respectivos espaços de trabalho.

UM BOM LIVRO É UM LIVRO MENOS FUNCIONAL

Um bom livro "serve menos" que um livro comum, produzido *ad hoc*, produto de um escritor "profissional", um escritor "de ofício". Um bom livro, no geral, tem um campo de leitores menor que um livro funcional em relação a certas tendências ou exigências do mercado, simplesmente porque os bons livros não respondem a um gosto global, *não agradam a todos*, assim é a literatura. O escritor não é um termômetro da consciência de um país, não tem por que sê-lo, mas, sim, alguém que busca no que é, alguém que tenta olhar sem pudor e sem preconceitos para suas criaturas e que, olhando o que é, às vezes faz que vejamos o que não gostaríamos de ver. Também é alguém que não pede desculpas pelo que mostra, ainda que o observado e apontado vá, em certos momentos, na contracorrente. Para agradar "todo mundo", há que renunciar a certa zona de particularidade, e a literatura — a arte em geral — é o reino do particular. Que alguns livros depois transcendam fronteiras e se difundam e cruzem certas barreiras é outro fenômeno, mas as boas obras, pelo menos no início, circulam de modo mais restrito e secreto porque não respondem ao jogo único da oferta e da procura. Os bons livros têm, em relação à oferta, à demanda e aos canais de circulação, uma multiplicação de sentido que é, ao mesmo tempo, uma restrição a sua uniformidade e sua massividade.

LITERATURA E POLÍTICA

O público, o que é de muitos (ou de todos), me tocou como pessoa e de diferentes modos surgiu em minha escrita, modos às vezes muito enviesados, não perceptíveis para mim a não ser bem mais tarde, porque a vida de alguém como eu, que nasci na metade da década de 1950, que fui para a universidade nos anos 1970, que vivo neste país sem que ele me seja alheio, se viu atravessada por fatos políticos que condicionaram nossa privacidade, até mesmo nossa existência. Entretanto, olhando o que foi publicado e os rascunhos desses anos, o que surge com persistência como interesse temático é justamente o privado (particularmente, o mundo privado das mulheres e, sobretudo, o pequeno mundo das mulheres da classe média argentina, à qual pertenço, e o que elas — ou seja, nós — temos sustentado ou destruído, apoiado ou condenado com nosso pensamento e nossos feitos, com nosso fazer ou nosso não fazer). Para esse foco tende a ir o olhar, em busca de "material". Um foco que é externo (histórias que vejo/fragmentos de vida que recolho, "a realidade" que me cerca) e é também interno, um modo de olhar as próprias pequenezas, contradições e grandezas. Mas, como se costuma dizer, quem olha uma casa vê um mundo, vê o mundo no qual essa casa está plantada, e quem olha com insistência "o privado" termina por ver o espaço público em que essa privacidade está instalada. Por isso, eu diria que o político chegou a minha escrita à medida que eu olhava outras coisas, à medida que e na medida em que focalizava a vida comum de homens ou mulheres, preocupada com as questões da forma, que é aquilo que preocupa a nós, escritores.

A escrita é sempre um questionamento, porque a imagem que aparece aparece sempre como um problema, uma necessidade de olhar mais a fundo no personagem ou na situação, olhar por debaixo de seu preconceito que, na maioria das vezes, é também o nosso preconceito, para tentar enxergar o que há além. Trata-se de duvidar, de romper com o que se veio pensando, para conhecer num sentido profundo. Mas o questionamento dos próprios preconceitos não é, por acaso, uma atitude política? Não é esse o lugar político por excelência para um escritor? O desejo e a vontade de construir uma obra pessoal, a fidelidade consigo mesmo e o cultivo continuado e não espalhafatoso das diferenças não são algo político? Fidelidade do escritor para consigo, para com seu mundo interior, que pode ser aceito ou rechaçado por outros porque está no ponto oposto ao "politicamente correto". O ético na escrita é a exploração de uma verdade estética pessoal. Palavras e homens ou mulheres que a exercem convertidos finalmente em uma mesma coisa única. Ética e estética como um todo, porque o estético, na arte, subsume o ético e nos permite expressar uma verdade sem dogmas. Por isso a literatura não é o lugar das certezas, mas o território da dúvida. Nada há de mais libertário e revulsivo que a possibilidade que o homem tem de duvidar, de se questionar.

Supõe-se que um escritor que produz um livro atrás do outro e que se encontra, ao final dos anos, com o que poderíamos chamar de uma obra (ou seja, certa quantidade de títulos editados, vendidos, talvez recomendados ou até premiados), tenha um programa de escrita e consciência de suas ferramentas. Por isso chama a atenção a falta de consistência, o nada que parece respaldar a obra de muitos escritores para crianças, convertendo, então, a escrita em infantil (a escrita, não o destinatário), um adjetivo que se voltou contra o substantivo, absorvendo sua riqueza. Ao longo dos anos em que trabalho nesse campo, percebi resistência de muitos escritores diante da crítica e dos estudos acadêmicos. Essa resistência esconde, creio, certo medo da discussão de ideias e da revisão das produções. Devemos lamentar, entretanto, que essa crítica seja débil em relação à quantidade de agentes que a desenvolvem e que muitas vezes se manifeste tímida perante o avanço da publicidade e do mercado, como também é de lamentar que esse olhar crítico não ocupe ou ocupe pouco lugar nos meios de circulação de massa e fique, assim, limitado a certos pequenos âmbitos de estudo. Se fosse de outro modo — de um modo que, espero, chegue mais cedo que tarde —, não teriam prosperado tantos livros de má qualidade e seus potenciais compradores (sejam eles pais, professores ou instituições) teriam sido mais bem orientados em direção a livros de qualidade literária e estética. Porque a literatura de um país não é feita só com escritores, mas também com pesquisadores, formadores e críticos, é feita, sobretudo, com leitores que, dialogando com as obras já escritas, vão construindo uma obra para o futuro. Trata-se de uma construção social que tem a ver com entender a literatura de um país como a imensa tarefa de uma sociedade que, escrevendo, estudando, questionando, difundindo, lendo ou ignorando o escrito, vai fazendo a obra de todos.

REFERÊNCIAS BIBLIOGRÁFICAS

BLEICHMAR, Silvia. Disponível em: www.silviableichmar.com.
SAER, Juan José. *Una literatura sin atributos*. Santa Fé: Universidad Nacional del Litoral, 1988.
VIATER, Nora. Griselda Gambaro: "A un intelectual no le está permitido perder la lucidez: es saludable tener cierta distancia". Entrevista. Ñ. Revista de Cultura, *Clarín*, Buenos Aires, abril de 2011.

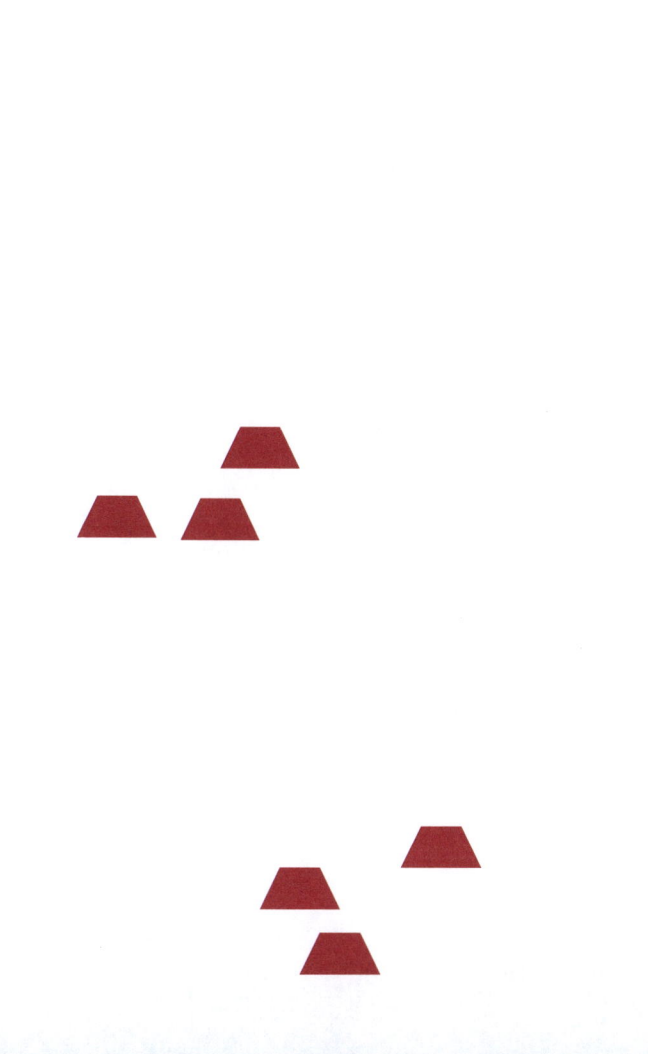

Sobre inclusões e exclusões*

Livros para excluídos, livros sobre excluídos, livros escritos (ou lidos) por excluídos?

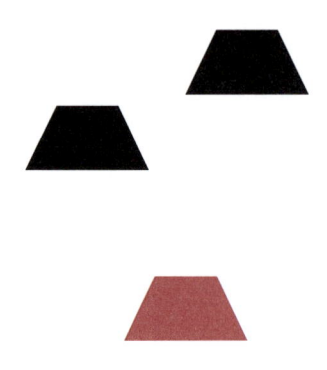

* Lido na Feira do Livro Infantil. Buenos Aires, 2003.

1.

Tenho um amigo que coordena uma oficina de artes plásticas e escrita no hospital psiquiátrico da minha cidade[1]. Quando alguém que participa da oficina (todos são pacientes do hospício, mas alguns já publicavam ou expunham suas obras antes de serem considerados doentes mentais) mostra o que fez a alguma pessoa considerada sensata, esta, qualquer que seja sua formação e ocupação (médico, enfermeiro, administrador, pessoal de ensino, cozinheiro…), se coloca em situação de superioridade, a superioridade do são sobre o insano, do incluído sobre o excluído, e, desse lugar, se acha no direito de corrigir. As observações são sempre de ordem emotiva e poderiam se resumir na pergunta/resposta: "Por que você escreveu algo tão triste? Você tinha que ser mais positivo!".

---

1 A autora vive em Córdoba, na Argentina.

2.

Esse mesmo amigo, que, por sua vez, é artista plástico e expõe numa galeria de Buenos Aires, ofereceu-se para ser intermediário de uma refinada artesã de tapetes — que participa da oficina literária do asilo e que está internada há vinte e cinco anos — para colocar seus produtos nessa galeria. Consegue vender cinco pequenos tapetes por um bom preço e faz um acordo pelo qual pagarão à mulher sessenta por cento sobre o preço de cada produto vendido no futuro. Quando ele regressa, contente com o dinheiro e com o acordo, e mostra a papelada, explica cautelosamente à mulher, ao diretor do hospital e ao administrador geral, a artista, contudo, manifesta apenas uma preocupação: "Eles sabem que sou louca?".

3.

Há muitos anos (entre 1984 e 1988), coordenei oficinas de expressão com crianças encarceradas. Tratava-se de um grupo de vinte e quatro menores, com idades entre 9 e 17 anos, que haviam cometido homicídios ou delitos a mão armada. A instituição, já extinta, chamava-se Cetrim. Eu me encontrava com eles duas vezes por semana. O grupo era bastante díspar em alguns aspectos: muitos estavam precariamente alfabetizados, outros podiam ler e escrever razoavelmente bem. Alguns eram adolescentes, mas muitos eram crianças, e, em que pese sua participação em delitos e suas histórias familiares, vários tinham pouco conhecimento sobre certos assuntos (lembro que um deles me perguntou: "Por qual lugar [do corpo] saem as crianças?".). Minha maior preocupação era encontrar algum tipo de literatura que eu pudesse ler para "começar a entrar neles". Cheia de preconceitos como estava, comecei a levar textos em que apareciam a pobreza e a violência. Não funcionou. E assim segui de um material para outro, aos trancos e barrancos, durante meses, até que um dia descobrimos, eles e eu, um ponto de encontro: os contos maravilhosos. Maravilhosos contos de amor entre príncipes e princesas. Foi a lição de que mais me lembro: descobrir que a literatura não é necessariamente o lugar onde encontrar o igual, às vezes é a única janela para se debruçar sobre o diferente.

4.

A primeira certeza de um escritor é aprender a ler a vida dos outros, ser quem olha e também quem dá sentido ao que vê. Quem escreve é uma testemunha que olha a partir de determinado ponto de vista e que deixa que esse local, esse lugar do mundo do qual provém, impregne seu modo de olhar. Parafraseando Alejandra Pizarnik[2], poderíamos dizer que um olhar a partir do esgoto também pode ser uma visão do mundo. Pode sê--lo tanto como um olhar a partir do centro do caminho.

---

2 Alejandra Pizarnik (1936-1972), poeta argentina. [N.E.]

O segredo não está ali, o segredo está na intensidade, está em *olhar até pulverizar os olhos*.

5.

Deve um escritor se ocupar do social, do político, em sua escrita? Deve um narrador escrever sobre a miséria, sobre a violência social, sobre a violação dos direitos? Sinceramente, creio que isso não é algo que deva nos preocupar. Deveríamos, sim, nos preocupar, todos e cada um dos que vivemos neste país, em aprender a ser homens e mulheres comprometidos, como homens e como mulheres, com nosso tempo e com nossa gente. A seguir, virá o que escrevemos. E isso que escrevemos terá a marca do que somos, porque, ainda que pareça uma obviedade, a pessoa que somos está antes do escritor que possamos vir a ser.

Perguntaram a Paul Éluard[3] por que ele, que havia escrito poemas tão intensos como "Liberdade", por ocasião da Segunda Guerra Mundial, nada produziu, em contrapartida, sobre a guerra da Coreia. E ele respondeu: é que o poeta pode escrever sobre qualquer coisa, desde que a circunstância de fora coincida com a circunstância do coração.

---

3 Paul Éluard, pseudônimo de Eugène Emile Paul Grindel (1895-1952), poeta francês, um dos fundadores do movimento surrealista. [N.E.]

REFERÊNCIAS BIBLIOGRÁFICAS

CALVINO, Italo. *El camino de San Giovanni*. Barcelona: Tusquets, 1991. [ed. bras. *O caminho de San Giovanni*. São Paulo: Companhia das Letras, 2000.]

PIZARNIK, Alejandra. *Obra completa*. Buenos Aires: Ediciones Corregidor, 1993.

Escrever na escola[*]

[*] Lido no IV Congresso Nacional de Didática da Língua e da Literatura. Facultad de Filosofía y Humanidades. Universidad Nacional de Córdoba. Córdoba, 2002.

> *Esta história em particular, que é de todos, tinha o direito de fazê-la minha, porque é assim que a compartilho com os outros, ao escrevê-la.*
>
> MARGUERITE DURAS

Antes de tudo, gostaria de dizer que, além da denominação oficial que a instituição escola ou o sistema possam dar a este espaço, prefiro saber que, na realidade, são oficinas de produção de textos, ou oficinas de expressão pela palavra, ou até oficinas de escritura antes que oficinas literárias, porque a literatura, como tal, é um horizonte muito vasto e seria por demais ambicioso e também contraproducente pretender de um espaço de oficina (e mais ainda de um espaço de oficina na escola) produtos que viessem a ser rotulados como literários.

Esclarecido isso, a pergunta seria: o que nos interessa obter de uma oficina de escritura na escola? Que resultados pretendemos alcançar? Porque creio que não nos interessa — ou pelo menos a mim não interessa — conseguir que uma criança distinga ou produza uma narrativa ou uma estrofe, e sim gerar um espaço no qual haja experimentação com a palavra, exploração de cada um em si mesmo, inter-relação entre a palavra e outras formas de expressão, até abri-las e nos abrirmos para um mundo que está em nós e fora de nós e que é suscetível de ser lido, perturbado, narrado, compartilhado e modificado por meio dessa produção.

Instalada na instituição escolar, a oficina rompe, deve romper, com o espaço da sala de aula e da aula, permitindo explorar zonas e relações que facilitem o encontro com uma linguagem própria, com uma palavra própria, porque uma oficina desfaz a homogeneidade, e essa ruptura, esse desequilíbrio, provoca um modo diferente de vínculo consigo mesmo e com os outros, e com a palavra de um e a dos outros. Nesse sentido, podemos dizer que a oficina — como espaço de pesquisa vivencial que rompe o desenho tradicional e permite explorar as possibilidades da própria palavra e acessar as possibilidades que os outros têm de resolver um mesmo desafio — é libertadora, e o é particularmente no âmbito da educação sistemática, que inclinou a balança para a transmissão de informação e está tão subordinada *ao que deve ser*.

Mas a palavra oficina é, às vezes, uma bolsa na qual se pretende pôr de tudo. Trata-se, na realidade, de uma modalidade que, como outras, tem sua didática, seus conteúdos, suas estratégias e seus objetivos, só que se coloca em um lugar diferente no processo de ensino e de aprendizagem e, desse lugar, tenta apreender e desenvolver aspectos esquecidos no currículo, aspectos do humano que também são passíveis de ser estimulados, transmitidos, treinados, como tudo o que tem a ver com a sensibilidade das pessoas. Se a escola tem sido, com o bom e o mau que isso implica, um lugar de homogeneização, a oficina apoia suas estratégias na ruptura desse desenho homogeneizador e deixa entrar a heterogeneidade, partindo da base do prazer. Trata-se de um espaço de trabalho apoiado no binômio processo/produto, porque a produção é a própria essência da oficina, ainda que depois tenhamos de analisar de que tipo de produção estamos falando e de que nível, de acordo com o contexto no qual essa oficina está inserida.

Para desenhar uma oficina de produção de textos na escola, a primeira análise a ser feita é a do contexto no qual se insere e para que e para quem foi concebida. É necessário desenhar esse "para que", essa especificidade, que tem a ver com os níveis de ensino e com os objetivos de cada nível, o que determinará certas estratégias, certa didática, certo percurso, embora sempre se trate — sobretudo — de um caminho de busca. Nesse contexto, o coordenador deve afinar ao máximo sua percepção, para ver por onde entrar, em quem entrar e de que modo, para ver por onde impactar nesse ou naquele, para que esse impacto seja um caminho que conduza a uma valorização e a uma otimização das possibilidades de cada um, num intenso movimento para dentro, a fim de modificar — de modo literal ou figurado — o espaço rígido, romper o estabelecido a partir de uma ruptura que pode ser concreta ou simbólica, passar do licencioso ao convencional e vice-versa, porque toda expressão é produto de uma tensão entre a ruptura e a convenção, uma negociação entre o desejo e a norma, entre as pulsões e o dever ser.

Para isso, a técnica, as ordens de trabalho, que ajudam a dar forma ao muito que se sente, a cavar na norma um espaço próprio, mediante o uso de certas ferramentas, certas estratégias que nos obriguem a desacomodarmo-nos a fim de chegarmos a zonas não habituais de nós mesmos. Porém, além da bateria de recursos técnicos, o que diferencia um coordenador de outro é o olhar para perceber o pessoal e o diferente, a qualidade e a heterogeneidade, um olhar capaz de manter o mistério e desvelá-lo, para que os saberes circulem no grupo e, ao mesmo tempo, haja um resto suficiente de irredutibilidade para que a criação se sustente.

Numa oficina, ensina-se a escrever, literariamente falando? Podemos dizer isso assim, de forma taxativa? Numa oficina se ensina a trabalhar com as palavras, a procurar recursos para entrar nesse mundo, a procurar uma expressão mais próxima possível do que se deseja expressar e, sobretudo, ensina-se a problematizar com a linguagem, já que um escritor é, em sentido estrito, como dizia Ingeborg Bachmann[1], alguém que tem problemas com as palavras, alguém que conver-

---

1 Ingeborg Bachmann (1926-1973), poeta e escritora austríaca. [N.E.]

teu as palavras em seu problema. Não devemos, no entanto, esquecer que uma coisa é nos expressarmos com a palavra e outra, muito diferente, é fazer que a palavra expressa saia do âmbito privado e se constitua em literatura, objetivo, este último, que não podemos mensurar e que excede em todos os sentidos a instituição escola.

Então, voltando para a pergunta inicial, sobre a validade de uma oficina de produção de textos na escola; acredito que, sim, não só é válida como também necessária. Claro que, para que isso seja possível, a escola onde for inserida deverá lutar, que paradoxo, contra o fantasma da escolarização, contra a domesticação da literatura, contra as demandas de utilidade e rendimento, contra as seleções por tema, as classificações por idade, os questionários e os resumos, os manuais, as antologias, o aproveitamento dos textos, o dever ser, o bom e o correto, de modo a respeitar a qualquer custo o espaço privilegiado de exploração que uma oficina pode nos oferecer, seu aparente absurdo, sua gratuidade, características que propõem um percurso de constantes desafios, de constantes descontroles e de constantes riscos porque, como diz Graciela Montes, "o que está muito vivo é sempre perigoso".

REFERÊNCIAS BIBLIOGRÁFICAS

BACHMANN, Ingeborg. *Problemas de la literatura contemporánea*. Madri: Editorial Tecnos, 1990.

DURAS, Marguerite. *Escribir*. Barcelona: Tusquets Editores, 2000.

MAIA, Circe. *Obra poética*. Montevidéu: Rebeca Linke Editora, 2007.

MONTES, Graciela. *La frontera indómita*. Cidade do México: Fondo de Cultura Económica, 1999.

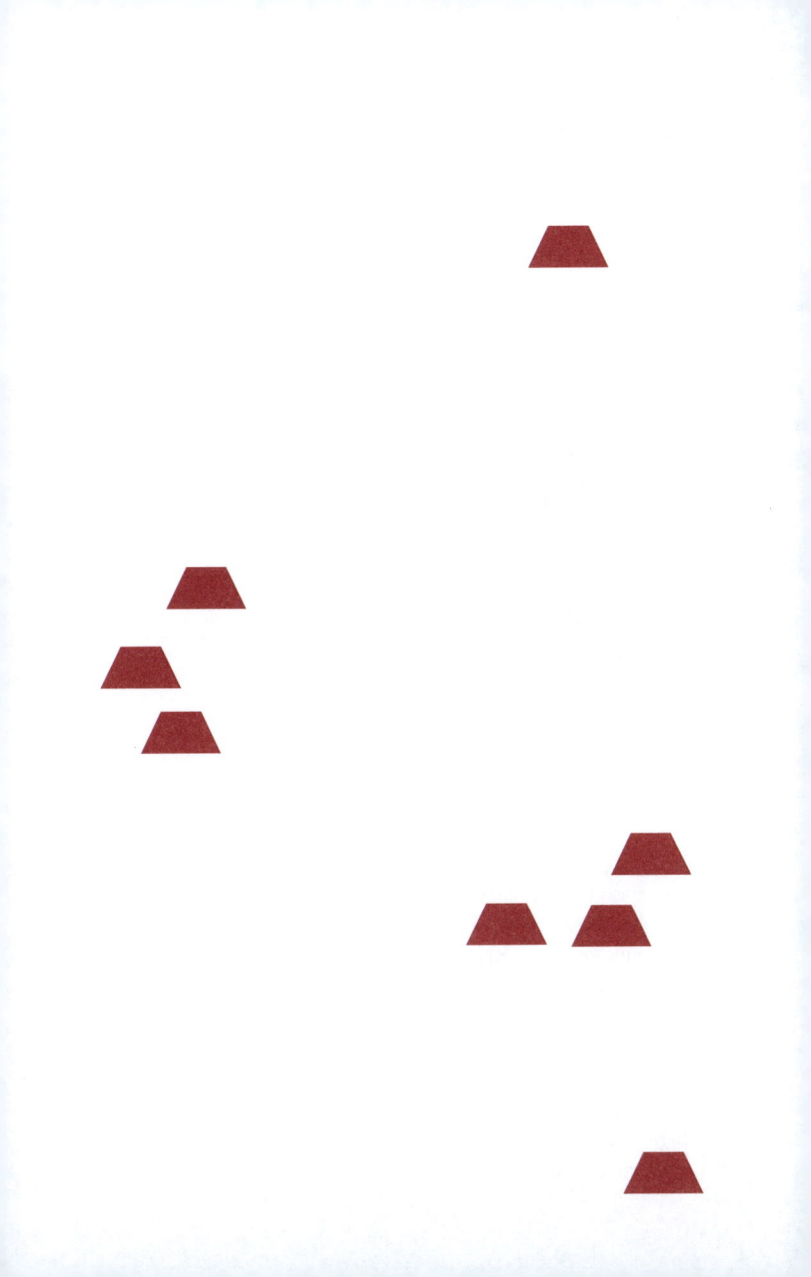

ABC da leitura[*]

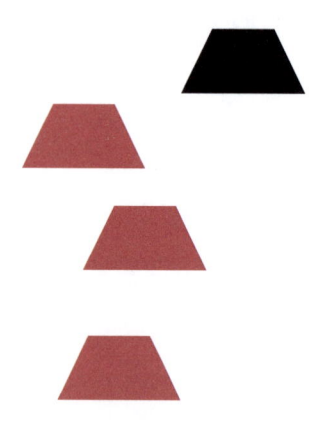

Três episódios de infância nos quais estão os alicerces de quase tudo o que pude aprender sobre a leitura: capacidade de nos extraviar na fantasia e retornar "para casa" à vontade; espírito de exploração para selecionar e traçar um caminho pessoal entre os livros, até encontrar os que guardam para nós uma verdade que só se vê ali e que não volta a se repetir.

A.[1]

Somente quando o vizinho adoece é que nos
convencemos de nossa própria saúde.
FIÓDOR DOSTOIÉVSKI

Quando eu era garota, passava em frente a nossa casa, na esquina da Mariano Moreno com a Río Negro, sempre ao meio-dia, um homem com um pequeno pacote na mão (dizia-se que levava comida para um irmão que trabalhava no outro extremo da cidade). Chamava-se Martinato (ou se chama, caso ainda viva). Sem relógio, Martinato, para o assombro dos que então éramos crianças, sempre sabia a hora exata. Dizia-se que vivia contando os passos, equivalentes a segundos. Não sei se era

---

1 Lido por ocasião do 90º aniversário do Asilo de Alienados Colonia Dr. Emilio Vidal Abal de Oliva (província de Córdoba, Argentina), cidade onde me criei. Oliva, 2004. [N.A.]

assim, mas talvez soubesse com exatidão sobre o tempo porque a isso — ao tempo — dedicava todo o seu tempo.

Muitos anos depois, já mulher adulta, tive por vizinho em minha casa de Villa Allende um homem a quem chamam caminhante. Desde os 18 anos, quando — é o que dizem — morreu sua mãe, e ele — uso essas expressões sem conhecê-las de todo — "teve um surto psicótico", o caminhante caminha — com um grosso blusão, tanto no inverno como no verão — de manhã até a noite, de sua casa, que fica ao lado da minha, até o velho cemitério de Villa Allende, e de lá, outra vez, até sua casa.

Não sei bem por que esses episódios vêm juntos a minha memória, acompanhando um terceiro: uma lembrança antiga, basilar para mim, que também tem a ver com o caminhar. Quando era muito garota e sabia apenas dizer meu nome, mandaram-me, com um papelzinho na mão (escrito por minha mãe), fazer uma compra. Suponho que por ser tão menina (ou porque pela primeira vez tinham me mandado fazer uma compra), eu tinha medo de me perder. Assim, caminhei olhando para os sapatos, na crença infantil — mas não muito distante da verdade — de que estamos onde nossos pés estão. E, de tanto olhar para os pés, distraí-me de outras exigências e me perdi. O carteiro, filho do Professor Bono, me encontrou, perguntou se minha mãe se chamava Cleofé, carregou-me na canastra das cartas que ficava presa a sua bicicleta e me levou de volta para casa.

O que têm em comum um homem estranho, um enfermo e uma menina distraída? O que os separa? Não sei se a lembrança é tão vívida para mim porque levava na mão a letra de minha mãe, ou se porque descobri que era filha de uma mulher que tinha um nome estranho, ou porque quem me levou para casa fora o filho do Professor (só havia uma pessoa em minha cidade a quem podíamos chamar: o professor), ou porque aquele homem me pôs na canastra em que as mensagens eram levadas, ou porque, pela primeira vez, tive consciência do extravio. De fato, "Extravio" é o nome pelo qual intitulei um poema construído, muitos anos depois, a partir dessa lembrança:

Ainda não sabe dizer
seu nome e a mandaram
(ao Rabachino,
comprar farinha, açúcar
mascavo, fermento).

Se fizer direito,
lhe darão
(caramelos, figurinhas, beijos).

O bar tem odor
de homens e vinho velho.
Também um piso
frouxo de madeira,

e, logo, o medo
de pisar em falso.

Leva um papel escrito
(*na palma da mão*
leva a letra de sua mãe).

Ordenaram-lhe:
Não se perca, e vá olhando para
os pés, conte
os passos.

Crê
(... *mas é uma intuição*
obscura) que quem olha
para os pés não se extravia.

Conta os passos
(*e depois as sílabas,*
os contos, as moedas),
com os olhos fixos nos sapatos,
mas assim mesmo se perde
na contagem.[2]

---

2 María Teresa Andruetto. "Extravío", *Pavese/Kodak*. Buenos Aires: Edicciones del Dock, 2008.

Diz a linguagem popular: há que se estar bem plantado, há que se ter os pés no chão, em contraposição a andar com a cabeça nas nuvens. Oscilação entre o desejo de extraviar-se e o esforço em prosseguir colado à realidade. Nesse oscilar, que às vezes assusta, que às vezes abisma, está o momento de criação. Sei que há limites entre a saúde e a falta dela (*ali onde você nada, ela se afoga*, disseram a Joyce[3] — creio que foi Freud[4] — em relação a sua filha Lucia), mas onde estão esses limites? Até onde podemos nos extraviar e retornar para casa quando quisermos? Até onde alguém que transporta as palavras pode nos encontrar (ou fazer que nos encontremos) e nos levar consigo em sua canastra para que estejamos a salvo?

B.[5]

Um escritor é um homem que mente.
ABELARDO CASTILLO

O que pode fazer uma menina tímida, que tem nariz grande, pernas fracas, roupa sem graça e que se sabe

---

[3] James Joyce (1882-1941), escritor e poeta irlandês. [N.E.]

[4] Sigmund Freud (1856-1939), austríaco, pai da psicanálise. [N.E.]

[5] Escrito para a revista *Piedra Libre*, CEDILIJ, Córdoba, ano XI, n. 20, primeiro semestre de 1998.

invisível para suas colegas de classe? O que pode fazer essa menina cuja mãe contou histórias quando ela era a menina da menina que é hoje, senão ler, ler desaforadamente tudo o que há em sua casa? E o que há em sua casa? Uma mescla de Twain e De Amicis, de Stevenson e Tagore, de Dumas e Olegario Andrade, do Collodi e Kempis, uma edição belíssima do *Quixote*, vários Shakespeare nas edições populares de Tor, uma *Divina comédia*, um *Decamerão*, muitos livros sobre cooperativismo, muitas biografias e relatos de viagem, uma coleção de literatura política argentina que traz desde Alberdi até Monteagudo, de Moreno a Mansilla, com todo o Sarmento e todo o Echeverría, e, sobretudo, muita e boa literatura informativa, enciclopédias, dicionários, histórias universais e argentinas, histórias da música, da arte, da fotografia, da filatelia... porque não era a literatura, era o conhecimento o que primava em casa, e era preciso saber como cada coisa é feita, do que o Universo é composto, como foi gerada a vida na Terra... porque os livros tinham um sentido utilitário, e talvez não fosse preciso ler um romance, mas como ignorar a evolução da pintura desde Altamira até Picasso? E eu, a menina que eu era, ia por esses livros que, sem dúvida, não compreendia com o mesmo desembaraço, com a mesma irreverência com que transitava pelas fotonovelas — *Nocturno, Chabela, Idiliofilm* — que havia na casa de minha amiga Rosa, ou pelas folhas tintas de sangue da revista *Así*[6], nas quais o açougueiro envolvia a carne que me haviam mandado comprar. Tudo tinha para a imaginação dos meus 8, 10 anos, o mesmo valor, porque eu ia por esses livros e jornais e revistas buscando histórias para contar a minhas colegas, histórias que, mentirosa, eu relatava como próprias. Ia à escola todas as manhãs e, no recreio, sentava-me num banco de cimento, no pátio, e contava para minhas colegas algo que havia lido no dia anterior, uma história que ampliava ou modificava a meu bel-prazer, para adicionar suspense ou acabar a tempo de retornar à sala de aula. Elas não sabiam que se tratava de episódios roubados dos livros, e eu sentia por isso uma imensa vergonha, mas, ainda assim, contava, como um vício cuja marcha não podemos deter, eu contava. O que não tinha compreendido ainda era que, naquelas histórias narradas para que minhas colegas de escola gostassem de mim, já estava me exercitando nessa paixão, nesse delicado fazer, nisso que Abelardo Castillo[7] chama de ofício de mentir.

---

6 *Así*. Famosa revista de crimes, de jornalismo sensacionalista, que circulava na Argentina nos anos 1960. [N.E.]

7 Abelardo Castillo (1935-), escritor e ensaísta argentino. [N.E.]

c.[8]

*Ninguém sabe o que sabe até a explosão
da palavra.*
ALDO OLIVA

Quando tinha 10 anos fui tomar umas aulas de inglês com um moço da minha cidade. Ele se chamava Amadeo e estudava Letras na universidade, em Córdoba, o que me transformava em sua admiradora. O inglês, como dizer, nunca foi meu forte. Na primeira aula, tão logo comprovada minha dureza na pronúncia, Amadeo me disse que talvez pudéssemos ler juntos um pequeno livro. "Você gosta de ler?", perguntou-me. "Muito", disse, com orgulho. Ler era algo que eu já então fazia com voracidade; ao mesmo tempo, sabia que isso produzia nos outros — sobretudo nos que não tinham o costume de fazê-lo — certa admiração, porque tinha ouvido os vizinhos dizerem assombrados para minha mãe: "Como essa garota gosta de ler!".

"E o que você gosta de ler?", perguntou-me Amadeo. No cômodo onde estávamos, a sala de jantar de sua casa, havia uma máquina de costura e, sobre a máquina, um caleidoscópio, o primeiro que vi na vida. Ele se

---

8 Escrito para Encuentros 15 años del Ce.Pro.La.Lij. Manuscritos, Cipolletti, abril de 2005.

levantou, pegou o caleidoscópio e voltou a sentar-se: olhou ali, fazendo girar o fundo enquanto esperava minha resposta. Eu soube que estava sendo examinada, e então o silêncio se prolongou mais do que eu queria. Comecei a repassar minhas leituras sem que nenhuma me parecesse digna do Amadeo. Assim, em vez de lhe dizer do que naturalmente eu gostava, descartei *Corazón* [*Coração*], de De Amicis, porque me pareceu "para mulheres", *Sandokan* porque me pareceu pouco importante, *El jardinero* [*O jardineiro*], de Tagore, porque minha mãe gostava, *La imitación de Cristo* [*A imitação de Cristo*] porque tinha lido quase sem entender e fiquei com medo de que ele me fizesse alguma pergunta (é que eu supunha que Amadeo conhecia todos os livros!), *Almafuerte* por ser muito inflamado e *La isla del tesoro* [*A ilha do tesouro*] porque me pareceu "para meninos". Estive a ponto de dizer Olegario Andrade, de quem já tinha deixado de gostar naquele tempo, porque conhecia alguns poemas de cor, mas descartei-o porque pensei que me veria como uma garota antiga, já que minha mãe também gostava desses poemas. Tampouco ia dizer que era apaixonada pelas fotonovelas, com os rostos jovens de Dora Baret e José María Langlais, nem ia contar que adorava *Nipur de Lagash* e os crimes da revista *Así*...

Vi passar pela minha cabeça todas as minhas leituras de então sem poder compreender se eram boas ou más e sem saber se estavam à altura de alguém como

Amadeo. Porque ele era exatamente o que eu queria ser um dia. "E, então?", perguntou, "você gosta ou você não gosta de ler?" Sem saber por que, como algo que irrompeu em mim, respondi de repente muito séria: "Eu gosto de *Seleções*". "*Seleções*?", perguntou ele. "Que seleções? *Seleções* da Reader Digest? Que horror! Por esse caminho você não vai muito longe!"

Não lembro o que aconteceu depois nem como terminou a aula, só que eu tinha a garganta apertada e estava morta de vergonha. E que assim, morta de vergonha, arrumei minhas coisas para voltar para casa. Talvez ele tenha se dado conta de que havia sido muito duro, pois me tocou a cabeça num gesto que pareceu uma carícia, animou-me a olhar pelo caleidoscópio e o fez girar. E, enquanto aquelas estrelas de cores giravam, disse: "O que se vê por aqui não volta a se repetir".

Não me lembro de outras aulas de inglês, embora me lembre de alguns encontros com Amadeo muitos anos mais tarde, inclusive um pouco antes de sua morte. Mas ainda conservo a lembrança daquela sensação de vergonha e, na cabeça, essa palavra: *Seleções*. Uma palavra-chave em torno do ofício de ler. Naquele dia, descobri que há caminhos entre os livros e que, entre os caminhos, há sempre um caminho pessoal para transitar nesse bosque. E que esse caminho pessoal é aberto de livro em livro, numa sucessão de seleções. Também que nem tudo o que é impresso é bom, que há publicações que são — como dizia Amadeo — um horror e que um bom livro é como um caleidoscópio: o que se vê por ali, assim como nos parece, não voltará a se repetir.

O olho na cena*

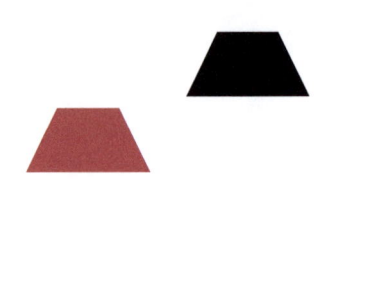

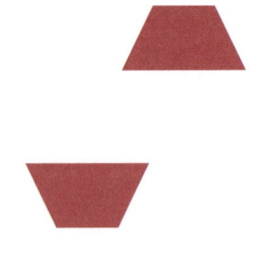

* Lido na Feira do Livro do Autor ao Leitor. Buenos Aires, 2004.

Escrever para crianças ou simplesmente escrever? As estratégias que entram em jogo na escrita destinada a crianças ou jovens e na que é destinada a adultos, com as variantes de cada caso e de cada gênero, são as mesmas, ou seja, são sempre distintas, únicas. A escrita é um caminho que vai do olho para a voz, caminho que, a partir de um modo particular de olhar, sai em busca de uma voz singular capaz de dizer um texto. Ler um texto é então colocar os olhos nos rastros dessa voz. Olhar e voz: esses são os extremos que me interessam na hora de escrever.

Durante muitos séculos, o homem conheceu um único modo ficcional de contar: o narrador onisciente. Um narrador seguro, puro e crédulo que relata um mundo seguro, puro e confiável, no qual o homem sabe o que olha e entende que todos os que olham veem aquilo que ele vê. Na Idade Média, o olhar homogêneo começa a se romper para dar espaço ao divergente e ao diferente. Entretanto, a ruptura definitiva de um modo único de olhar (e de contar) é consequência da revolução copernicana e uma estocada na autoestima: saber que a Terra não é o centro do Universo significou compreender que nosso olhar sobre as coisas não é único nem excludente. Essa é a ferida que levamos ao narrar: o centro de atenção torna-se cada vez mais humano, ou seja, mais relativo e inseguro, e aprende-se a suportar que o que alguém vê quando olha não é o mesmo que outros veem.

Desde aquele descobrimento, que levantou a suspeita de que se pode enxergar um acontecimento de diversas maneiras, os modos de narrar não deixaram de se multiplicar e, embora talvez vejamos cada vez menos, não fazemos outra coisa senão olhar. Olhar até o limite do possível, olhar — se fosse possível — até compreender. O olho de quem narra se detém no particular, porque a ficção é o reino do detalhe. É um olho que dá conta do que olha, sem julgar, sem explicar. Um olho que põe sob a lupa a vida dos outros para dar conta do seu modo de ver e de ser. Quem narra se detém no particular porque na generalização entram a teoria, o dever ser e os preconceitos, e a literatura é, nem mais nem menos, o lugar do que é, não o do que deveria ser. O politicamente correto e o moralismo são resultado de se olhar na superfície, de perder(-se) o particular. Medo de mostrar a vida como é: intensa, assombrosa, desagradável e incorreta; desejos de proteger e de nos proteger, de esconder e nos esconder sob o que deveria ser.

O menos é mais, dizia Tchekhov[1]. Treinar o olhar então — olhar mais de menos/olhar muito de pouco — para nos aproximarmos do fato a narrar. Porque o olhar é quase tudo, e escrever é um modo de olhar muito intenso. Cada um de nós cultiva um campo de coisas que nos interessa olhar porque se articulam com algo olhado prematuramente e não visto, ou visto e não compreendido. Mas o que focar? Para onde olhar? Como recortar o campo do que é olhado para que o olhar se intensifique? Como obter opacidade, velamento, densidade?

Um narrador é uma maneira de colocar o holofote em uma cena, e encontrar esse narrador talvez seja a tarefa mais interessante no processo de escrita. Porque a voz ou a estratégia a partir da qual os fatos são narrados é o mais importante num texto, e todas as outras decisões que tomamos são posteriores a essa. O narrador espera, à espreita da cena a ser narrada, busca um ponto de inflexão: seu olhar toca um personagem, obriga-nos a segui-lo. O olho de quem conta é um olho que faz ver, diz Raúl Dorra[2]. O curso de um personagem (de uma vida) é posto sob uma lente. O foco do olhar é um corpo que está para dizer alguma coisa, e o narrador é alguém que espera esse dizer. Quanto mais o narrador se concentra em seu olhar, mais presença adquire o que

---

[1] Antón Tchekhov (1860-1904), escritor e dramaturgo russo. [N.E.]
[2] Raúl Dorra (1937-), escritor argentino que vive no México. [N.E.]

é olhado. Caminho que vai do olho de quem escreve até o corpo de um personagem que está para dizer alguma coisa com seu fazer. Quem escreve, bem como quem mais tarde lerá essa história, não sabe de antemão o que vai acontecer, e isso é um enigma. Esse não saber é uma condição do narrar. Narra-se (e também se lê) justamente porque não se sabe, porque se quer saber; assim, o saber do narrador é um saber construído durante o próprio processo de narrar. Diante desse enigma, quem escreve é um observador apaixonado e ignorante. Essa estratégia que narra é a consciência do relato e tem poder sobre o que é narrado. Um leitor é, então, a escuta de uma voz que interfere, com sua pátina de intenções, entre essa abstração que chamamos "a cena" e quem lê, parede de cristal que impregna tudo o que toca, e que imprime um olhar ao que é narrado. Assim, o escritor é um olheiro. Não necessariamente alguém que vá atrás do sórdido ou do sinistro, mas alguém que tenta transpor certos segredos. Alguém em busca e na espera do inesperado, ou do desconhecido ou do reprimido. Um olheiro que acaba por se ver naquilo que mira.

Se o que busco ao contar é um efeito encantatório, preciso de um narrador onisciente, aquele dos contos tradicionais. Um narrador capaz de contar a história como algo longínquo, acabado, completo em sua verdade e em seu esplendor. Um texto que seleciona imediatamente certo tipo de leitor, talvez uma criança ou, se não, alguém disposto a acreditar no que é contado como se fosse uma. O pretérito imperfeito do indicativo próprio dos contos tradicionais é um tempo durativo (indica uma ação prolongada no tempo) e iterativo (mostra uma ação repetida no tempo), de modo que nos fala de algo que estava acontecendo no passado, mas não diz quando essa ação começou nem quando terminou, ao mesmo tempo que, por sua condição iterativa, sentimo-nos autorizados a pensar que isso que é contado aconteceu muitas vezes, tantas vezes que "todo mundo sabe", como sabe agora o leitor (o que contribui sobremaneira para criar o efeito de temporalidade difusa e longínqua que é o modo como pode ser transmitido o *illo tempore*[3]). Quem pretende contar contos à maneira do maravilhoso (posto que o maravilhoso puro já não é possível de contar, pois o homem contemporâneo perdeu a fé) certamente terá de lançar mão desse tempo verbal tão rico. Se usássemos outro tempo verbal, sempre dentro do mesmo modo, e contássemos o acontecido no pretérito indefinido (que, para jogar com os nomes, é muito mais definido que o imperfeito e que por isso costuma ser chamado de perfeito simples), a ação do passado seria recortada, completa, acabada e, além disso, precisa no tempo, ou seja, não iterativa, mas ocorrida naquela única vez. De modo que teremos nas mãos uma narrativa em que se conta algo que aconteceu somente aos personagens que ali figuram,

---

3 Expressão latina equivalente a "em tempos idos", "naquela época". [N.E.]

nessa única vez, e é provável que — por contar com os mesmos elementos — o resultado alcançado esteja mais perto do arquetípico.

Frequentemente aparecem certas ideias da literatura popular no que escrevo: a vida como viagem atrás de algo que, quando se chega ao destino, não é o que parecia ser, por exemplo. Desde garota, emocionavam-me as histórias dos catecismos, "como Deus é injusto com Moisés", pensava; fazê-lo cruzar o deserto durante tantos anos, procurar a terra prometida e não lhe dar a pequena graça de desfrutá-la... E também as histórias Zen e os relatos bíblicos, as parábolas, os contos sufis... toda essa literatura de ensino sugestivo. Interessa-me a vida como viagem, uma ideia muito antiga da literatura, que está — embora de outro modo — também em *Stefano*[4], e outra ideia que costuma ser acrescentada a ela: a de ir longe em busca do que talvez esteja perto ou do que não nos fará bem.

Costumava dizer que gosto de trabalhar a partir desse material desprezado, a literatura moralista que durante muitos séculos nutriu o narrar dos povos. Nos contos de *El anillo encantado*[5] parti, às vezes, de histórias um pouco educativas (o amor vale mais que as diferenças de classe ou é possível ser feliz sem ter nada). Em

---

4 María Teresa Andruetto. *Stefano*. Buenos Aires: Sudamericana, 2002.

5 María Teresa Andruetto. *El anillo encantado*. Buenos Aires: Sudamericana, 1993.

alguns casos, tomei uma história como base e fui me afastando dos traços de oralidade da literatura popular, distanciando-me do folclórico no tratamento, a partir do trabalho com a linguagem. Em outros casos, a história é inventada, e o trabalho foi fazer que parecesse antiga, como quem faz pátinas sobre um móvel novo para envelhecê-lo.

Diz Borges no epílogo de *El Aleph*[6]: *"O sujeito da crônica era turco; eu o fiz italiano para intuí-lo com mais facilidade. A momentânea e repetida visão de um cortiço encravado em torno da rua Paraná, em Buenos Aires, proporcionou-me a história intitulada 'O homem na soleira'; situei-a na Índia para que sua inverossimilhança fosse tolerável".*

Confio na capacidade cognitiva da ficção, nessa mentira que permite ver a realidade intensamente. Confio em seus mecanismos para abrir novos olhares sobre o mundo que impliquem questionar o existente. Uma das funções do ato criativo, talvez a mais importante, é a de nos defender contra diversas formas de pressão, proteger-nos contra os abusos simbólicos do poder de que somos objeto, diz Pierre Bourdieu. Imaginar, fundar outras possibilidades, aparentemente inúteis, é uma forma de conhecer. Um modo em que certas regras são suspensas para que surjam outras, postas ou impostas

---

[6] Jorge Luis Borges. *Obras completas*. Buenos Aires: Emecé, 1989. [ed. bras. *O Aleph*. São Paulo: Companhia das Letras, 2008.]

pelo próprio processo de criação. A fabulação é uma exigência do inconsciente. O velho artifício de contarmos histórias para nós mesmos e para os outros vai nos construindo, dá forma a nossas experiências e cria nossa identidade, e é a invenção de histórias o que nos permite abstrair-nos do mundo para dar-lhe um sentido. Quanto mais fantástica é a ficção, mais atenta deve estar ao detalhe concreto, ao real. Nisso reside seu paradoxo: não estabelece a verdade, mas nos convence de sua semelhança com a vida; assim, a escritura — insensata, louca — revela-nos a vida com extrema prudência. É por meio da ficção que outras experiências são vividas e que se chega ao interior de outras consciências, porque ela nos permite ser outro(s) sem perder a consciência de sermos nós mesmos. Os atores, diz Lucrecia Martel[7] numa reportagem que li há alguns dias, são pessoas que se animam em ser outras, e isso, para mim, é não temer a loucura.

Para isso será necessário inventar ou descobrir? Sobretudo olhar. Olhar com intensidade para dar conta do que se olha, porque a escrita (assim como a leitura) depende do mundo que foi contemplado e da forma como a experiência foi incorporada, e porque escrever é uma forma de penetrar nesse mundo, nos muitos mundos que há no mundo, e nele encontrar um lugar. O olhar, o olho, o registro ocular, o fotográfico, a

---

7 Lucrecia Martel (1966-), cineasta argentina. [N.E.]

imagem, o pictórico, as situações ínfimas, os pequenos gestos dos personagens não heroicos são coisas que me interessam, que me atraem, mas de modo pulsional. Gosto de olhar isso e, como consequência, também de escrever sobre isso (escrever é um modo muito intenso de olhar). Por trás do que escrevemos está o resplendor do real, e o trabalho de escrever consiste em procurar esse resplendor. Haverá sempre uma vigia por onde um "eu" vê passar uma história, uma situação que permita inferir algo mais amplo. Algo assim como o enquadramento de uma máquina fotográfica de onde se pode olhar e contar. Mas não falo do contar em um sentido estrito, e sim de nos deixarmos tocar, de modo que o leitor, se possível, seja também tocado pelo que contamos, por essa metáfora da vida.

Na hora de escrever, interessa-me organizar uma certa arquitetura, uma ordem que seja vislumbrada sob o texto, que esguelhe o caos, dê-lhe organização e o sustente. Mas tudo é feito de acaso e necessidade, dizia Demócrito de Abdera[8], o que nos acorda que a escrita deve estar aberta ao contingente. Eu tinha na cabeça a história de um homem e um relógio e queria escrevê--la. Tinha guardado no computador um arquivo com algumas notas e o rememorei no início de dezembro de 2001, quando o trabalho do ano abrandou. Era 19,

---

8 Demócrito (c. 460 a.C.-c. 370 a.C.), filósofo grego nascido em Abdera (Trácia). [N.E.]

20 de dezembro. Então a história do homem e o relógio começou a tomar um rumo, e não demorou a se revelar o empobrecimento de tantos. Lembrei-me de Daniel Moyano[9], sobretudo da frase que dá início ao seu *El trino del diablo*[10], e essa frase me trouxe uma dupla necessidade que se sustentou ao longo da escritura desse texto. Por um lado, o desejo de relatar o empobrecimento, ou seja, caminhar pelas ruas do realismo. Por outro, o maravilhoso como gênero, um gênero delicioso e delicado. É possível contar a realidade — uma realidade áspera — como se fosse um conto distante e difuso? É o que Daniel Moyano faz em *El trino del diablo*, e fui atrás dessa quimera. Dediquei-me a procurar um ritmo (interessa-me muito o ritmo, essa herança que a prosa recebeu da poesia) e uma arquitetura cheia de simetrias. Foi assim que nasceu *O país de Juan*[11]. É um livro que percorre todos os lugares-comuns dos contos, porque o arquetípico é isso, uma revalorização do lugar-comum convertido em marco, em ponto fixo.

Corrijo muito. Corrigir um texto é uma empreitada de retificação de nós mesmos, dizia Paul Valéry[12]. Escrevo quase tudo por camadas, em sucessivos abandonos e recuperações de um mesmo texto, processo que às

---

9 Daniel Moyano (1930-1992), escritor argentino. [N.E.]

10 Daniel Moyano. *El trino del diablo*. Córdoba: Rubén Libros, 2007.

11 María Teresa Andruetto. *El país de Juan*. Madri: Anaya, 2004.

12 Paul Valéry (1871-1945), filósofo, escritor e poeta francês. [N.E.]

vezes leva anos. Não é algo deliberado, mas a única forma possível para mim. Sempre tenho muitas coisas por fazer, coisas de diversas ordens, nem sempre para crianças, nem sempre narrativa, e também uma pasta cheia de argumentos, recortes, notas que por alguma razão me entusiasmaram um dia. Retomo o mesmo texto de tempos em tempos, com intervalos entre uma e outra entrada, até que, num momento, por alguma razão, o texto se fecha ou eu o abandono, como diz Valéry. De qualquer modo, trabalho muito, sou obstinada pela forma, e também obsessiva em buscar/provar formas para diferentes projetos de escrita, sob uma ideia-mãe de escrita como exploração.

Para escrever contos ou poesia para crianças é preciso escrever sobre crianças? Existem temas para crianças e temas para adultos? Podemos falar de tudo na literatura infantil? Como os temas da marginalidade social são integrados nas histórias para crianças? Continuam sendo perguntas que nos fazemos, mas nunca pensei nessas preocupações como um assunto separado da história a ser contada. Seja esta para adultos, seja para crianças. Procuro ter um ouvido atento para o sofrimento e o espanto, e é assim que as histórias aparecem. Quando o sujeito imagina, diz Sartre[13], ele vê o objeto imaginado completo. Se vê uma árvore, ele a vê em sua espécie, com seus frutos, no lugar onde está

---

13 Jean-Paul Sartre (1905-1980), escritor, filósofo e ativista francês. [N.E.]

plantada, com sua história, e vê a si mesmo brincando sob sua sombra. É o que acontece quando vemos uma história, porque assim funciona o imaginário: o olhar é paulatino e o olhado vai se revelando — no exato sentido fotográfico — ao longo do caminho até ter todos os aspectos de uma cena encarnados na imagem.

A literatura tem uma função? Alguma função há de ter em nossas vidas, posto que a preservamos e cultivamos ao longo dos séculos, posto que não quisemos perdê-la, e sim — pelo contrário — conservamos o desejo de nos perdermos, de nos extraviarmos nela.

O procedimento mais eficaz que conheço é restringir, demarcar, recortar uma cena e trabalhar entre esses limites. Mais que em meus pensamentos, confio em minha capacidade de me comover. Acredito que, se uma história me comove, talvez eu consiga comover a outros. Embora pareça contrassenso, creio que o que perseguimos escrevendo ou lendo ficção é a vida tocada ali, por um momento, em toda sua intensidade. O trabalho de escrever, que é difícil e delicioso, consiste em procurar esse resplendor.

Escrever, então, para o encontro verdadeiro com um leitor, a partir da busca permanente, do constante incômodo. Escrever abertos à descoberta e ao risco, mesmo que esse risco tenha algumas vezes parcos resultados. Gosto de gente que busca, mesmo quando não encontra, diz Alfredo Alcón[14]. Também gosto disso. Buscar para se encontrar com os outros e consigo mesmo, porque a literatura é um lugar de reunião, como diz o poeta Alejandro Nicotra. *"Há um lugar sem nome aonde vão todos os dias?"*, pergunta ele.[15] A página é esse lugar sem nome, esse lugar de reunião entre os homens.

REFERÊNCIAS BIBLIOGRÁFICAS

DORRA, Raúl. *Con el afán de la página*. Córdoba: Alción, 2003.
_____. *La casa y el caracol*. Madri: Plaza y Valdés, 2005.
SARTRE, Jean-Paul. *Lo imaginario*. Buenos Aires: Losada, 1975. [ed. bras. *O imaginário*. São Paulo: Ática, 1996.]

---

14 Alfredo Alcón (1930-), ator argentino. [N.E.]

15 Alejandro Nicotra. *Obra poética 1967-2000*. Córdoba: Ediciones del Copista, 2004.

Os valores e O valor correm atrás do próprio rabo*

* Lido no Encontro Nacional de Promotores de Leitura. CONFENALCO Antioquia. Medellín, outubro de 2008. E no I Congreso Internacional de Literatura para Niños. Editorial La Bohemia/ Biblioteca Nacional. Buenos Aires, outubro de 2008.

No processo de percepção de um objeto, o ato de perceber é sempre insuficiente, sempre há mais objeto do que olhar, sempre o que é olhado transborda para aspectos que ainda não pudemos observar. Quem percebe rodeia o objeto de seu olhar de modo que nunca pode vê-lo em sua totalidade, mas, sim, de modo sucessivo, incompleto, fragmentado. É o que pretendo fazer em torno dessa matéria tão complexa dentro da literatura infantil que é a questão dos valores. Os valores e o valor literário. Questões que se conectam a outras, tais como o desejo, a necessidade e a importância de educar, a qualidade literária, a ética e o compromisso intelectual, o oportunismo de autores e editores, a estupidez de certos livros, a pretensão, o desejo ou a necessidade de entreter, a sempre presente tensão entre autonomia e literatura e a sempre presente tensão entre literatura e literatura infantil. Escrevendo estas notas, tentando cercar o objeto, vi também como minhas certezas e meus preconceitos oscilavam e se reorganizavam.

1.
A discussão em torno do papel dos escritores divide a questão em pelo menos dois grupos: os que pensam que a literatura é uma atividade exclusivamente individual, privada, e os que pensam que o importante na literatura é o moral, o social ou o político. Realismo, idealismo, compromisso, evasão, utilitarismo... A literatura como instrumento educativo, moral, social, político é algo que remonta ao início dos tempos. Assim a entenderam os gregos e também os escritores do século XIX em nossa América, para não dar mais que dois exemplos. A discussão sobre o edificante, o político ou o social de uma obra não é nova e se relaciona com a qualidade literária. A pergunta é se a obra deve ser veículo de ensino ou de denúncia e se essa característica é suficiente para justificar sua qualidade literária.

2.
Tem sido dito à exaustão que, nas origens, a literatura infantil era serva da pedagogia e da didática. Lutamos contra isso nos anos 1970 e 1980, com a intenção de que a literatura infantil fosse literatura. Hoje, porém, grande parte da produção de livros para crianças e jovens, pelo menos em meu país, é escrava das estratégias de venda e do mercado. Essa abstração que é o mercado, mas que — cabe lembrar — é integrada por pessoas de carne e osso — nós, os leitores —, adverte que o cliente que faz compras mais volumosas — a escola — inclui em seu

currículo a educação em valores. Se não houver livros adequados, será preciso editá-los. Se não estão escritos, será preciso pedir que escritores os escrevam. E isso — pedir — acontecerá apenas no início, porque depois os escritores se encarregarão eles mesmos de escrever esse tipo de livro, ao constatarem o volume de suas vendas. É tentador para um escritor saber que pode escrever um livro e entregá-lo rapidamente para edição, vê-lo também rapidamente nas livrarias, reaver, em seguida, os direitos autorais, sobretudo quando um escritor — estou contando situações pessoais — teve de esperar quinze anos para encontrar um editor que quisesse editar seu livro tal como seu livro estava. É claro que é importante para os editores editar livros que possam vender bem, disso vive a indústria editorial e muitas pessoas trabalham nela, e também é importante que esses livros possam ser vendidos para a escola, que é o grande comprador. É muito tentador, para a escola, ter prontos certos conteúdos do currículo — neste caso, a educação em valores. Roda que roda, e estamos novamente no começo: a literatura serva da pedagogia e da didática. Fizemos uma longa viagem para chegar a lugar nenhum.

3.
É assim que muitas editoras promovem em seus catálogos uma literatura apta para educar em valores e classificam os livros que editam segundo os valores que supostamente eles contêm. O valor é entendido aqui

como uma abstração, algo absoluto e unívoco, passível de ser isolado, uma qualidade que não pode ser entendida com mais de um significado, o mesmo para todos os leitores. Quando um texto se propõe a ser utilizado de modo unívoco como veículo de transmissão de um conteúdo predeterminado, a primeira coisa que bate em retirada é a plurissignificação. Deixa-se de lado a direção plural dos textos para convertê-los em pensamento global, unitário; assim, o literário subordina-se a um fim predeterminado que tende a homogeneizar a experiência. Só isso já é algo que está no sentido inverso do artístico, em que a ambiguidade e o desdobramento de significados predominam. A adequação dos títulos de uma editora dentro de catálogos que assinalam a aptidão de um livro para transmitir ou ensinar determinado valor e sua classificação em relação à chamada educação em valores é uma fita de Moebius[1] que se alimenta a partir do currículo escolar para as editoras e das editoras para os autores. As respostas destes últimos tendem a satisfazer a demanda dos editores, produzindo textos aptos para certas necessidades de consumo, e a produção de livros das editoras tende a satisfazer a demanda da escola, que pede produtos

---

[1] "Espaço topológico" obtido pela colagem das duas extremidades de uma fita, após efetuar meia-volta em uma delas, girando essa extremidade em 180°. Deve seu nome ao matemático August Ferdinand Moebius, que a estudou em 1858. [N.E.]

para cobrir determinados conteúdos. E mais ainda: em boa medida, são necessidades criadas pelas estratégias do mercado editorial, planejadas e geradas nos departamentos de promoção para que a escola necessite e inclua em seus programas e projetos a educação em valores, que, ninguém pode negar, são um bem social. Cuidado com o ambiente, direitos humanos, tolerância ante a diversidade, convivência em família, respeito com os idosos, amparo às crianças, defesa das mulheres, busca da verdade, não violência, amizade, amor, liberdade, honestidade, paz, solidariedade, promoção do bem e do trabalho são alguns valores de uma lista de nobreza nominal indiscutível. Colocando a questão dessa maneira, não estamos muito longe daqueles livros de Constancio C. Vigil[2] que, quando eu era menina, nos ensinavam a ser bons e a adquirir hábitos higiênicos. Trata-se da persistente concretização do discurso bem pensante. Enfim, demos a volta completa e retornamos, pela esquerda, aos anos 1950, à época pré-Walsh[3].

"O que aconteceu no campo dos livros para crianças para que as editoras insistam no cruzamento entre moral e literatura?", pergunta-se Marcela Carranza num artigo sobre os valores nos livros para crianças publicado na revista virtual

---

[2] Constancio Cecilio Vigil (1876-1954), escritor e editor uruguaio-argentino. [N.E.]

[3] María Elena Walsh (1930-2011), escritora, poeta e compositora argentina. [N.E.]

Imaginária. O que aconteceu para que exista, como existe, tanta produção de livros destinados a ensinar a ser tolerante, a não discriminar, a cuidar do ambiente ou a viver em paz... livros feitos na medida das necessidades do cliente, produtos de venda? E o escritor? O que acontece com ele? Qual é sua responsabilidade em tudo isso?

4.
A educação e a arte são os dois pontos extremos de um campo de tensões e se alimentam uma da outra. Diz-se que a literatura infantil e a moral são velhas conhecidas. Mas também o são a literatura e a moral. Sófocles[4], com seu Édipo, pretendia nos ensinar a lei e os graves perigos de transgredi-la, mas o que acabou nos mostrando foi a fascinação humana ante a proibição e o desdobramento e os múltiplos caminhos que o desejo abre entre os seres humanos. A literatura não é, nunca foi, autônoma, como creio que também não possa sê-lo nenhuma expressão da cultura. Por isso, creio, a questão dos valores é bem mais complexa do que aparenta. O discurso sobre os valores não parece ser hoje, como foi em outros tempos, fruto de uma moral imperante, mas de uma estratégia de venda das grandes editoras. Há um deslocamento visível dessa questão da leitura para a produção dos textos: já não estamos diante de uma leitura de intenções pedagógicas ou moralistas que interpreta os textos de um

---

4 Sófocles (496 a.C.-406 a.C.), poeta e dramaturgo grego. [N.E.]

modo direcionado para um único sentido, mas diante de escritas carregadas de oportunismo que reduzem a zero as possibilidades de significação em prol dos rendimentos mais ou menos rápidos que o produto pode dar. Assim, são produzidos muitos livros absolutamente direcionados, carentes de qualquer ambiguidade, que pedem uma única interpretação e afastam toda complexidade de sentido. Um chamado para que o leitor não se pergunte nada, quando a literatura é, basicamente, uma interrogação sobre o mundo.

Isso significa que não deve haver mensagens nos livros para crianças? Entramos num terreno complexo: a relação entre autonomia e literatura. Diz Jorge Larrosa[5] que o caráter pedagógico (e quando diz pedagógico devemos ler utilitário) de um texto literário é uma finalidade de leitura, mais que uma característica dos textos. Entretanto, o problema hoje está, sobretudo, nos próprios textos, porque certa área do mundo editorial fabrica livros funcionais, com a colaboração ou a capitulação de muitos autores. O que preocupa nessas mensagens tão direcionadas? A palavra vazia, especialmente. Livros desprovidos de qualquer intensidade, livros construídos com a cabeça, ao calor do oportunismo. Para escrever, é preciso cabeça e coração.

---

5 Jorge Larrosa Bondía, intelectual espanhol, professor da Universidade de Barcelona, doutor em filosofia da educação. [N.E.]

5.
Nós, que escrevemos, temos muito medo da palavra compromisso, uma palavra que, no que diz respeito à literatura, em nossos países, sobretudo, nas últimas décadas, foi estigmatizada. Bom seria se repassássemos aquela expressão que era usada em outros tempos: literatura engajada. O que quer dizer comprometer-se em literatura? O que quer dizer compromisso na escrita? Seria tolice pensar que a escrita de Monteiro Lobato, Lygia Bojunga, Yolanda Reyes, Graciela Montes, Marina Colasanti, Julio Llanes, María Elena Walsh, Bartolomeu Campos de Queirós, Laura Devetach, Javier Villafañe, para dar só alguns nomes de escritas muito diversas na LIJ do continente, não é comprometida nem está sustentada em determinados valores humanos e em certa concepção do mundo. Seria bom lembrar que sem esses homens e essas mulheres não existiriam essas obras, e que tudo o que elas têm provém do que eles são.

Segundo Oscar Masotta[6]:

> Quando enfrentamos uma obra, é preciso não esquecer que nela um homem nos conta a aventura de uma consciência voltada para o mundo e que toda obra não é mais que um movimento vertiginoso entre uma consciência e o mundo.

---

6 Oscar Abelardo Masotta (1930-1979), ensaísta e psicanalista argentino. [N.E.]

Na obra, o estético subsume o ético e permite falar de uma verdade sem dogmas, e é por isso que um bom livro, embora trate de questões que nos são alheias ou reflita ideias que não coincidem com as nossas, consegue nos comover. O mundo não está de um lado e a arte, de outro. Tudo está junto, porque estamos imersos no social. Toda consciência é consciência do mundo; e, por não ser de todo clara, por não ser direta, por não ser funcional, por permanecer em algum ponto opaca é que uma obra *nos fala*. É nessa vacilação, nessa opacidade, nessa disfuncionalidade e nessa rarefação de sentido que está o que uma obra tem para nos dizer. Pedir a um escritor que tenha ideias sem fissuras, não acolher as contradições que se revelam em sua obra, é pretender levá-lo ao politicamente correto, é também uma maneira de cerceá-lo e, sobretudo, é se conduzir, como leitor, para esse beco sem saída do que deveria ser. O que se descobre num verdadeiro escritor é uma sociedade, um tempo, uma geografia, uma cultura. Trata-se do particular, do mais profundamente próprio, não no sentido estereotipado do termo, mas em seu sentido mais profundo, que faz que isso seja dali e não de outra parte. Mas esse "dali" não é necessariamente um país, é mais uma área do humano, que, de tão particular, não pode deixar de ser percebida como verdadeira. *"Se tivesse que dar um título a minha vida, seria este: em busca da própria coisa"*, disse Clarice Lispector. Trata-se do difícil caminho de encontro com a própria coisa que todo verdadeiro escritor empreende, aceitando os resultados de sua busca e aventurando-se no que desconhece na hora de começar seu projeto. Tudo isso requer, naturalmente, alta capacidade de renúncia a muitas tentações. O caminho para o próprio, essa longa viagem ao coração do homem. Mas esse "o próprio", que é tão íntimo, não seria também social? Ou se trata de um universo pessoal não tocado pelas coisas do mundo? *"O que aparece numa obra está na sociedade da qual essa obra emerge, a arte não tem sentido se não se considerar que ela é dirigida para uma sociedade da qual seu discurso se alimenta"*, diz Griselda Gambaro[7]. Particular, portanto, privado e íntimo e, ao mesmo tempo, profundamente social. Esse é o caráter da escrita.

6.

A questão dos valores tornou-se um clichê de duas faces. Por um lado, são fabricados livros horríveis para "ensinar certos valores"; por outro, há quem argumente que isso não é bom, escreva ou publique uma literatura desprovida de qualquer conteúdo, carente de qualquer vislumbre de profundidade, que se pretenda "graciosa e inocente" e se espera que circule como literatura porque não pretende moralizar. É uma espécie de reclusão ideológica, um verdadeiro paradoxo. Todos falamos de valores querendo dizer coisas muito diferentes. Penso agora no *Paquelé*, do cubano Julio Llanes, livro que publiquei na coleção de

---

7 Griselda Gambaro (1928-), escritora e dramaturga argentina. [N.E.]

novelas juvenis da editora El Eclipse e que é, sem dúvida, um impressionante discurso poético sobre valores como justiça, solidariedade, direito de lutar pelo que é próprio e construção da identidade. Um livro assim põe em jogo a defesa dos valores de um povo e tem, certamente, uma força ideológica que brota de todas as suas páginas. O que Llanes escreve não é literatura? É politicamente correto ou literariamente incorreto que ele fale, nesse livro, da miséria, da fome, da terra, da identidade, dos negros? Eu, que sou uma leitora apaixonada e persistente, me deixei comover até as entranhas por esse livro, e, como eu, muitos leitores, em seu país e no meu, se comoveram. Numa nota recente sobre literatura infantil no *DNA*, suplemento cultural do jornal *La Nación*, diz-se: "*Na escola estão muito em moda os livros que procuram ensinar valores como a solidariedade ou o cuidado com o meio ambiente e os que ensinam a escovar os dentes, a não brigar com os irmãos...*", colocando, como já é costume fazer, com total impunidade e hipocrisia, todo o peso na escola, nos professores que leem mal, escolhem mal ou compram mal, tirando toda a responsabilidade dos escritores que escrevem e cobram por esses livros e dos editores que os publicam, promovem e vendem. O debate social, os pobres, os que discriminam ou são discriminados, os que não têm memória, a violência familiar e social, a ditadura e tantos outros assuntos podem ser temas da literatura, claro que sim. Podem sê-lo, assim como outros temas, sempre e quando houver ali intensidade. Os valores não são universais nem existem de modo abstrato, tampouco são iguais para todos os povos ou para todas as classes sociais. Falar de valores em termos abstratos, assim como escrever a respeito de nada, como acontece com tantos e tantos livros ruins que são publicados, livros assinados por autores conhecidos sob o selo de grandes editoras, parece uma última manifestação da Nova Vulgata Planetária de que Bourdieu fala, dessa linguagem aparentemente nascida de um nada, que faz tábula rasa sobre qualquer vislumbre de consciência, considerando que esta é uma antiguidade, e à qual muitas vezes muitos escritores e artistas aderem por omissão ou concessão. Trata-se da busca insistente do neutro. Desse canteiro vêm os discursos do moralismo, o multiculturalismo e a declamação literária de igualdade para todos, enquanto a exclusão cresce em nossos países.

A literatura *light*, feita à la carte, para ensinar valores ou para divertir, assim como a literatura politicamente correta, é uma forma persistente do conservadorismo político e social. Novas e sofisticadas formas do discurso conservador, que, entre outras estratégias, seleciona aquilo que lhe permite sustentar o *status quo*, ocupando-se de temas e aspectos que supostamente são de preocupação social, num recorte de brutal superficialidade.

7.

Nesses produtos à la carte — livros de coleções para educar em valores ou livros com gosto "de nada" oferecidos como *literatura lúdica ou prazenteira* —, o que se expropria da literatura é a intensidade. Intensidade mais que liberdade, porque a literatura não é livre, como já dissemos, e tampouco é livre o escritor — qual ser humano pode sê-lo? Um escritor — como qualquer pessoa — está cheio de condicionamentos culturais, econômicos, sociais, familiares, históricos, geográficos, e a literatura também. Envolvido intensamente em todos esses condicionantes e a partir da tensão que eles provocam, com seus interesses, seus desejos e seu campo ideológico que nunca está à margem do que produz, um escritor escreve — consciência do mundo — com intensidade, pondo-se inteiro nesse mar de contradições e nunca longe delas, intensa e fatalmente imerso.

8.

O significado primeiro da palavra ética (*ethos*) é caráter. Caráter, que vem do latim, era o nome dado ao ferro de marcar e era, por extensão, marca, figura ou signo que se imprime ou esculpe em uma coisa, e também sinal, estilo, forma particular de qualquer sistema de escrita. Ensinar, por sua vez, vem de *insignare*, que significa deixar o signo, deixar a marca em alguém. Ética e educação trabalham no sentido de deixar uma marca, delinear um modo de comportamento. Diante disso, a arte procura capturar algo do que é, essa região na qual o comportamento e o caráter, assim como o justo, o adequado e o correto, se recolhem em prol da intensidade. Qual é, então, o lugar da ética nos escritores? E nos escritores de livros para crianças? Qual é, em todo caso, a relação entre ética e literatura? Falta ética, quando essa palavra vazia é impressa, editada, gera vendas e direitos de autor, engana ou tenta enganar leitores incautos ou crianças. Hipocrisia então... desdobramento de valores que mais se declaram quando menos estão em nós e em nossa sociedade. Ante a escrita, abismam-se as boas intenções, o bem-pensante, cambaleiam nossas concepções do que deve ser.

9.

Muitas vezes quisemos dar à literatura uma função, esquecendo que ela a tem por si mesma. A literatura, para ser útil, deve conservar certo traço disfuncional. A verdade da literatura é sempre uma verdade particular, a de um personagem ou de certa voz que narra, nunca uma verdade geral. Um conto, um romance perseguem uma consciência que forja seu destino, acompanhando-a no instante em que escolhe sua felicidade ou seu desmoronamento. Trata-se da dor ou da alegria do singular, o humano é singular, da luta de uns personagens entre o que são e o que querem ou podem ser. Mas a verdade na literatura não termina nas palavras. Caso se tratasse só de palavras, não poderíamos acreditar, não poderíamos entrar no pacto de ficção que uma obra nos propõe. Para conseguir que essa verdade não seja, então, só de palavras, a literatura luta principalmente contra a língua e luta também contra a educação e os valores oficiais de uma sociedade. Cercada por essas e outras zonas da cultura, *a escrita é desvio*, como diz o poeta Néstor Perlongher em uma frase que gosto de citar. Desvio do quê? Desvio da norma, do esperado, do previsível. Desvio para nós mesmos, *para a própria coisa*, como diz Clarice Lispector.

10.

Detenho-me outra vez em um trecho de Jorge Larrosa:

> A literatura não reconhece nenhuma lei, nenhuma norma, nenhum valor. A literatura, como o demoníaco, só se define negativamente, pronunciando mais de uma vez seu *non serviam*[8]. Tratando, certamente, da condição humana e da ação humana, oferece tanto o belo como o monstruoso, tanto o justo como o injusto, tanto o virtuoso como o perverso. E não se submete, ao menos em princípio, a nenhuma servidão. Nem mesmo moral.

Tomo essa definição para fazer algumas considerações necessárias: *"A literatura não reconhece nenhuma lei, nenhuma norma, nenhum valor"*, diz Larrosa. Mas, na realidade, a literatura está cheia de normas, leis e valores. Imagino que Larrosa queira dizer *nenhuma lei externa às*

---

8 A frase latina *Non serviam* é equivalente a "não servirei". Geralmente atribuída a Lúcifer, expressa a recusa em servir a Deus no reino celestial. *Non serviam* também é usada ou conhecida como lema por grupos políticos, culturais e religiosos a fim de expressar desacordo ou opinião radical contra crenças comuns e estruturas organizacionais aceitas pela maioria. [N.E.]

formas através das quais quem escreve vai procurando sentido. Porque quem escreve, e também muitas vezes quem lê, poderá, então, ver num texto literário como e com que potência trabalham as leis, as normas, as formas. Uma das questões mais interessantes da escrita é a do(s) obstáculo(s) que o escritor coloca a si mesmo ou que aceita que lhe sejam postos por suas escolhas formais, no desejo de que apareça a própria coisa, que é sempre esquiva, difícil de encontrar. Sem condicionamento, sem lei, sem regras, sem normas, sem limites entre o que se deve ou não se deve, o que se pode ou não se pode fazer, não existe liberdade criativa nem existe intensidade. É isso justamente o que tentei fazer em minhas oficinas de escrita durante anos: colocar obstáculos à espontaneidade do outro como quem fecha uma comporta para que a corrente se veja obrigada a fazer outros percursos. *"Pronunciando mais de uma vez seu non serviam"*, diz Larrosa. Entendo o não servilismo da escrita mais como um desejo e um caminho do que como uma verdade absoluta, ou até como um resultado, porque, se observarmos a história da literatura, veremos que teve, em muitos momentos, desejo, intenções e necessidade de servir a causas, razões e objetivos diversos, e veremos também que muitas das obras maiores da cultura universal foram feitas ao calor de um projeto político, para desenvolver uma identidade e conformar uma nação ou, inclusive, mais concretamente, para que nenhum integrante da companhia de atores, como é o caso de Shakespeare, ficasse sem trabalho. Sabemos, no entanto, que não é por essas razões que esses livros chegaram até nós, mas, sim, por sua condição de inesgotáveis, sua capacidade de seguir dizendo além de seu tempo e de sua geografia. É a resistência que oferecem à possibilidade de serem interpretados num sentido completo que os converteu em clássicos. É sua oferta de leitura, cuja compreensão não acaba nem se esgota, que faz que os sigamos lendo.

11.
Volto ao ponto: o segredo da arte não é a beleza nem a perfeição nem... O segredo da arte está na intensidade. Caso essa intensidade viva na obra, caso se consiga estar inteiro no que se escreve, já não tem importância o conteúdo nem os valores que emanam do escrito, porque fundo e figura serão uma só coisa, terão se feito obra, serão a obra, e tudo o que consigamos escrever estará pleno de valores e de sentido, quer se fale do pintarroxo que se vê pela janela de seu quarto de solteirona, como a poeta Emily Dickinson[9] *"se não estiver viva quando voltarem/ os pintarroxos, ao da encarnada/ gravata, em minha memória,/ atira-lhe uma migalha"*, quer se fale do nazismo encravado na classe média alemã, como faz Heinrich Böll[10] em *Retrato de grupo com senhora*. A intensidade. Esse

---

9 Emily Dickinson (1830-1886), poeta estadunidense. [N.E.]
10 Heinrich Böll (1917-1985), escritor alemão. [N.E.]

é o território da literatura. *"Escrever é uma espécie de traslado em que o vivido passa através do tempo, do próprio corpo para o corpus que é a obra"*, diz Juan José Saer.

12.
Um escritor deve se ocupar, em sua escritura, do social, do político, dos valores? Deve escrever sobre a miséria, sobre a violência social, sobre a violação dos direitos, sobre a preservação do planeta? Em países como os nossos, é de esperar que um escritor, assim como um professor, um editor, um mediador, pessoas privilegiadas cultural e socialmente, não seja indiferente a seu tempo e a sua gente. Sobretudo, que faça com compromisso e dignidade aquilo que faz, sem se corromper nem o corromper. Caberia esclarecer que a corrupção não é algo que compete somente ao terreno da política, aos funcionários ou às empresas, não é algo alheio a uma atividade do espírito como a literatura. A corrupção é algo muito disfarçado, uma modalidade que se incrusta na profundidade do humano e nos faz condescender, em sucessivas pequenas renúncias, até tomar por completo e instalar-se em nossa essência. Afastar de nós as formas sutis de corrupção que permanentemente nos são propostas exige um olhar alerta, uma vigilância implacável sobre nós mesmos. Um escritor não corrompido é um escritor comprometido com sua escrita. Eu disse "com" e não "em". Compromisso com o que escreve, o que quer dizer intensidade no que escreve.

A intensidade é um sentimento que aparece diante de certas questões do mundo, quando nossa vinculação com essas zonas do humano é muito profunda, sem segundas intenções, complexa, desconcertante e genuína. Não é algo que se fabrica; de modo que, para ser intenso, não posso declarar a mim mesmo certas intenções, tampouco alardeá-las. Não posso me propor a escrever sobre certos temas que são interessantes ou corretos ou adequados ou demandados no momento editorial ou pelos leitores de uma época ou por necessidades da escola... mas devo, sim, escrever sobre aquilo que, de modo ocasional, aleatório, me propõe uma complexa, intensa, incerta busca. Trata-se, então, de permanecer insistente, fiel a nós mesmos, até podermos ver, nas coisas, outra coisa. Por isso a literatura é uma substância difícil de encontrar no mar de livros para crianças. Embora hoje sejam produzidos milhares e milhares de livros, os bons livros continuam sendo poucos, as coisas não mudaram muito nesse sentido. Em um campo tão escorregadio, tão levado pelo desejo de agradar, pelas obrigações pedagógicas, pelo empenho no que deve ser, pelo politicamente correto, pelos manuais de bons costumes, pelas necessidades curriculares, pelas estratégias do mercado... encontrar expressões de autêntica literatura foi sempre um milagre, algo que não se encontra todos os dias nem em todos os livros. Milhares de livros são editados, mas as possibilidades que um livro tem de permanecer, de habitar na memória de um leitor, que é a verdadeira forma de permanecer de um escritor e de um livro, são remotas... Passam e passam, neste mundo que criamos, os objetos, os programas de televisão, as notícias horrorosas, terríveis, uma coisa rapidamente suplanta a outra. Muitos livros também passam por nós como uma vertigem, não deixando o menor vestígio de sua existência. Entretanto, e apesar da avalancha de novidades, apesar do marketing e dos intentos de domesticação leitora, alguns livros se sustentam ao longo dos anos, porque um bom livro é um livro capaz de ficar em nós, em nossos corações, como ficam as pessoas que amamos. Um objeto capaz de permanecer vivo no mar de livros que são editados. E somos nós, os leitores, também com nossa intensidade, com nosso exercício de liberdade, que decidimos quais livros ficarão vivos em nossos corações; somos nós que oferecemos, como campo de semeadura, nossa memória, para que os livros se instalem, cresçam, permaneçam.

13.

Falo uma vez mais a partir da literatura, a partir desse território comum entre a literatura e a literatura infantil. Esse lugar que, segundo a teoria dos conjuntos, o conjunto literatura compartilha com o conjunto da literatura infantil e juvenil. Nesse lugar onde se sobrepõem ambos os territórios, aí eu quis me instalar, e se alguma contribuição posso dar em algum momento é sempre desse lugar onde livros destinados a leitores crianças ou jovens são também literatura. Trata-se de uma zona pequena, pois fora dela está, por um lado, todo o literário que as crianças não acessam ou não lhes interessa ler e, por outro, tudo que é oferecido como livro para crianças sem que seja literatura e também o que, oferecido como literatura, sabemos que não é. O avanço do marketing pela esquerda e pela direita faz que, apesar do crescimento da indústria editorial ou justamente por isso, a zona de confluência seja hoje, como sempre, estreita. E a rendição persistente e sucessiva de tantos escritores a esse marketing faz que a diferença entre o editado e a literatura seja cada vez maior e que o processo se acelere mais e mais. Trata-se de uma zona pequena, entre outras coisas, porque os livros literários, justamente por sua condição de literários, *viajam mais lentamente*, para usar um verbo que os editores utilizam como eufemismo do que, funcionando em um lugar, pode ser vendido rapidamente em outro. Isso acontece porque a literatura, por sua complexidade, por sua ambiguidade e, sobretudo, por sua particularidade, é uma árvore difícil de transplantar de uma cultura para outra, algo assim como uma espécie nativa de crescimento lento, que necessita de que a acompanhemos e cuidemos dela até que possa se enraizar. Não se trata de livros à la carte nem sob medida, não se trata de livros *para todos os gostos*, de uso múltiplo, mas de livros particulares que esperam, algum dia, encontrar-se com seus leitores particulares. Há, na história da literatura, livros maravilhosos que têm um campo pequeno de leitores, mas que são e foram indispensáveis para nossa formação como leitores, para a escrita de outros livros e o alimento de outros escritores, o que permitiu que finalmente chegassem até nós e se tornassem indispensáveis. Se pensássemos sempre e somente em termos de rápidos números de exemplares vendidos, uma escrita como a de Borges, um escritor que por muitos anos esteve longe de ser um sucesso de vendas, nunca teria se sustentado. Então, como eu dizia, os rendimentos não costumam ser tão amplos nem tão rápidos com os bons livros; eu diria que, quase sempre, os êxitos são menos rápidos e, muitas vezes, menores com os bons livros que com aqueles fabricados em série, e, se chegam a ser, não o serão num curto tempo, de modo que escrever para crianças, sob condições fortemente literárias, escrever para crianças como se escreve a literatura para adultos ou, até mais, a poesia, é menos rentável para um escritor e também para a editora que o publica. Entretanto, só os bons livros persistem no tempo, de tal forma que, sabendo esperar, é muito provável que um bom livro acabe recompensando de diversas maneiras seu autor e seu editor. Como se sustenta, então, a literatura? A partir de que lugar preservá-la do avanço mercantil e da claudicação humana, senão de um lugar ético para o escritor e para o editor e a partir de uma capacitação intensa dos leitores/mediadores? A quem convém a literatura e para que sustentá-la? A experiência da leitura (como a da escrita) é um dos últimos redutos de liberdade que o homem tem. É o mesmo que com os plantios (se todo mundo plantar o que se vende a melhor preço, então quem plantará o que também necessitamos, mas que não oferece esses rendimentos?) ou com as ciências (se todo mundo fabricar os remédios de que muitos necessitam, como obteremos remédios para curar as enfermidades sofridas por uns poucos?). A sociedade deve preservar essas zonas da cultura para manter um equilíbrio. Não é um disparate que o Estado proteja as edições de certos livros ou de certa literatura que se mostre em perigo de extinção, como deveriam ser protegidas as línguas que se perdem e os *papines morados*[11] da lavoura argentina, que hoje uma só família cultiva, e de fato isso aconteceria se fossem escolhidos, para as compras estatais, livros de qualidade em detrimento de outros. Não é nos esvaziando de ideias nem de valores, para usar essa palavrinha, que nós, escritores, combateremos essa estratégia de marketing que passou a ser chamada de "livros para educar em valores"; é preciso procurar no mais fundo de nós o desejo de escritura, um desejo que se alimenta de tudo, inclusive dos valores que sustentamos e que, sobretudo, nos sustentam.

---

11 Fruto de cor arroxeada, usado também na culinária. [N.E.]

14.

Oscar Masotta disse a respeito de Roberto Arlt[12]: *"Esta obra será, então, política, menos pelo que diz expressamente do que pelo que revela"*, como também se disse de Proust[13] e Flaubert[14]. O interessante no processo de escritura é aquilo do escritor que sai/aparece/se revela apesar (e na contramão) de seus projetos ou de suas intenções. E que se revela não só para quem lê, mas também para quem está escrevendo. Revela-se, rebela-se, revela-nos. Essa palavra é bem interessante no que diz respeito à literatura, uma palavra que poderíamos escrever com "b" e com "v", ou seja, aquilo que oferece resistência [rebela-se] ante o que deveria ser e aquilo que revela aspectos que estavam ocultos, também o que se revela diante de nós e que, apesar do trabalho que nos tenha custado chegar até ali, evidencia-se de modo misterioso e surpreendente, tão surpreendente que parece milagroso. Rebelião. Resistência. Revelação. Visão do que era obscuro ou estava oculto. Aspectos mágicos e realistas, tudo isso e ainda mais na escrita que um escritor escreve com a cabeça e o coração.

---

12 Roberto Arlt (1900-1942), escritor, dramaturgo e jornalista argentino. [N.E.]

13 Marcel Proust (1871-1922), escritor francês. [N.E.]

14 Gustave Flaubert (1821-1880), escritor francês. [N.E.]

REFERÊNCIAS BIBLIOGRÁFICAS

BARTHES, Roland. *El grado cero de la escritura*. Buenos Aires: Siglo XXI Editores, 1997. [ed. bras. *O grau zero da escrita*. São Paulo: WMF Martins Fontes, 2011.]

BOURDIER, Pierre; WACQUANT, Loïc. "La lengua franca de la revolución neoliberal. Una Nueva Vulgata Planetaria". *Le Monde Diplomatique, El Dipló*, n. 11, Edición Cono Sur, maio de 2000.

CARRANZA, Marcela. "La literatura al servicio de los valores, o cómo conjurar el peligro de la literatura". *Imaginaria. Revista Quincenal sobre Literatura Infantil y Juvenil*, n. 181, Buenos Aires, 24 de maio de 2006.

DICKSON, Emily. *Sesenta poemas*. Madri: Mondadori, Madrid, 1997. [ed. bras. *Cinquenta poemas*. Rio de Janeiro: Imago, 1999.]

LARROSA, Jorge. *La experiencia de la lectura. Estudios sobre literatura y formación*. Barcelona: Laertes, 1998.

LLANES, Julio. *Paquelé*. Buenos Aires: Ediciones del Eclipse, 2005.

MASOTTA, Oscar. *Sexo y traición en Roberto Arlt*. Buenos Aires: Eterna Cadencia, 2008.

PIGLIA, Ricardo. *Crítica y ficción*. Buenos Aires: Ediciones Fausto, 1993.

SAER, Juan José. *Una literatura sin atributos*. Santa Fé: Editorial Universidad del Litoral, 1988.

As derivas de meu castelhano[*]

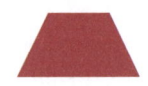

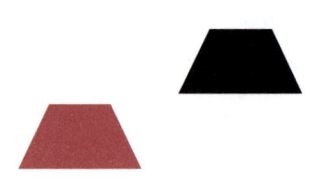

[*] Lido no encontro
Poetas de las Dos Orillas.
Centro Cultural Espanha.
Buenos Aires, outubro
de 2005.

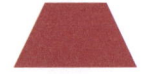

Émile Cioran[1] diz que a única pátria é a língua, mas onde começa essa pátria?[2]

Meu pai era italiano, chegou ao país [Argentina] quando tinha 28 anos. Aprendeu o castelhano no navio, com um dicionário de capa de tecido vermelho que ainda conservo, entre a metade de novembro e meados de dezembro de 1948, tempo que durou a travessia no Sebastián Gaboto. Sentia orgulho de seu castelhano, que não parecia aprendido, e se opôs com firmeza a que estudássemos sua língua (coisa que, de todo modo, tentamos fazer quando grandes). Recusou-se também a falá-la com minha mãe, embora, por sua vez, ela fosse filha de italianos. Às vezes, penso que sua ordem para que aprendêssemos bem o castelhano foi tão alta que, de minha parte, procurei o modo mais elevado de vincular-me com a língua: a escritura.

1 Émile Michel Cioran, também conhecido como Emil Cioran (1911--1995), filósofo romeno-francês. [N.E.]
2 Émile Cioran. *Silogismos de la amargura*. Barcelona: Tusquets, 1993. [ed. bras. *Silogismos da amargura*. Rio de Janeiro: Rocco, 1991.]

Minha mãe é argentina, nasceu em um pequeno povoado da planície de Córdoba, onde também nasci e onde meu pai a encontrou, por ordem familiar ou por acaso. Sua primeira língua foi o piemontês (a fala rústica dos camponeses do norte da Itália, cultura a que pertenciam meus avós), um piemontês do século XIX, num pequeno povoado de nosso país que era quase uma réplica do lugar de onde provinham; aprendeu o castelhano aos 6 anos, quando foi à escola. Minha avó, mãe de minha mãe, veio para o país quando tinha 8 anos e se comunicava com sua mãe, seu marido, suas amigas e seus filhos nessa língua camponesa, aspirada, de difícil pronúncia e praticamente sem escrita, cheia de apóstrofos, sobre a qual, certa vez, um documentalista de Turim disse: *"É a língua do povo mais duro da Terra, porque nela não existe a palavra amor"*; língua de gente prática, extremamente apegada à matéria. Escrevi um poema em torno disso:

> As amigas de minha avó
> Íamos vê-las
> nos dias dos mortos,
> quando a morte não doía.
> Minha mãe (que era bela e usava
> saltos altos) levava-nos pela mão,
> pintava a boca. Falavam piemontês,
> a palavra fechada na garganta a gritos.
> Punham-nos vestidinhos brancos de piquê

e voltávamos com aroma de gladíolos,
de margaridas. Tinham uma casa escura
as amigas de minha avó, e o tamanho
de um homem. Eles, em troca,
eram fracos, frágeis como meninas:
chamavam-se Geppo, Vigü,
Gennio, Chiquinot.

No castelhano dessa avó, o "j" era impronunciável, os "rr" sempre soavam como "r", os acentos mudavam de sílabas e a sintaxe tomava cursos e derivações estranhas. Era uma mulher pequena, mas de grande força, que fazia colchões e que, com esse trabalho, sustentou sua casa, seus filhos; gostava de contar histórias, e sei que teria lhe parecido um milagre que sua neta escrevesse um livro. Sua mãe, minha bisavó Elizabeta, italiana de ambas as partes, por estranho que pareça, tinha nascido em Rosário; seus pais retornaram com ela para a Itália, onde se casou, teve filhos, enviuvou e emigrou novamente para a Argentina. Tinha nascido durante a presidência de Sarmiento, assim dizia seu documento de identidade, o que me impressionava vivamente. Não foi à escola nem na Argentina nem na Itália, e não sei de que modo se alfabetizou, sozinha certamente; entretanto, ensinou a ler — numa época em que naquele povoado não havia escolas —, como passatempo, talvez, um serviço, uma tarefa cristã ou um motivo de orgulho, a gerações de meninas e meninos, assim como, quando velha, dedicou-se a cuidar de doentes. Nós a chamávamos de *Marin'a*, que em piemontês quer dizer mãezinha. Escrevi um poema que une as três mulheres: ela, sua única filha mulher, que foi minha avó, e a única filha mulher de minha avó, que foi minha mãe, sabendo que, além disso, estou unida às três, olhando intensamente a antiga cena infantil. Tinha paixão pelos livros, embora os de sua biblioteca fossem apenas uns poucos, talvez não mais que cinco. Especialmente por um que se chamava *La filotea*, com histórias de santos, o qual ela estava lendo quando a morte a surpreendeu, aos 94 anos. Talvez por herança de todo esse saber tão precário e, ao mesmo tempo, tão intenso, minha mãe sempre teve um forte desejo de palavras que se disseminou pela filha que sou e por várias de suas sobrinhas.

Por parte de pai, minhas filhas descendem de espanhóis, de indígenas, de negros e, de fato, seu sobrenome, um nome de Virgem, é usual entre os escravos libertos. Em minhas frequentes viagens à casa de sua avó, fascinava-me anotar palavras do espanhol arcaico que permaneceram no idioma do norte argentino, de grande carga poética, assim como outras da toponímia indígena, tanto como me atraía esse modo mágico de olhar o mundo, um modo muito menos prático que aquele de onde eu provinha, coisa que resultou em *Tama*, novela que comecei a escrever aos 25 anos e a primeira que publiquei. Passou muito tempo desde então. Entretanto, e talvez porque em minhas filhas esse mundo permanece vivo com toda força, essas derivas da língua continuam aparecendo em minha escrita, basicamente na narrativa, ultimamente, numa *nouvelle* que intitulei *Veladuras*.

> Quando conheci Gregoria, a caminho de San Pedrito, outra vez me vieram as lembranças. Vi-a de costas, um pouco atarracada, mas era ela e levava um menino pela mão.
> Era de manhã, lá pelas dez. Eu tinha ido a San Salvador levar uns anjos que estou restaurando e mostrar como tinham ficado as pátinas. Como disse, pelo caminho de San Pedrito, eu a vi, subindo a colina, enquanto levava um menino pela mão. Um momento apenas; a seguir, me distraí, e então ela se voltou para alguma parte, dobrou numa rua e a perdi.
> Quando esqueci, por fim, meus extravios, quis me apressar e alcançá-la, mas ela já não estava em nenhum lugar. Pensei, primeiro, se a tinha visto mesmo ou se sou eu que às vezes me perco nesses pensamentos, mas depois me perguntei:
> Quantos anos terá esse menino, Rosa?
> Pensei por um momento e respondi para mim mesma que 5. E então pensei:
> É ela.

A esta altura, tenho dúvidas se trata-se de palavras ou de um modo de organizá-las, de uma sintaxe acima tudo, porque a escrita é um modo de ordenar o mundo, e é a forma como as palavras se entrelaçam que dá textura à língua. A tudo isso poderia adicionar minha fascinação já inalienável pelos poetas do romanceiro, pela música da "língua a meio caminho" entre o latim e o que virá, e também meu amor pelos poetas espanhóis da primeira metade do século XX, poetas que chegaram a mim como se fossem — e eram — a própria poesia. A isso foi sendo agregado, mais tarde, entre muitas outras buscas apaixonadas, a laboriosa, incessante, busca na obra de poetas e narradoras argentinas e latino-americanas, muito especialmente as do país adentro, aquelas que ficaram mais relegadas às margens. Porque a deriva da própria vida e da língua consistiu sobretudo em somar, camada por camada, a minha primeira cena infantil com as palavras, daquela vez em que me perdi e o carteiro do povoado me levou em sua canastra cheia de cartas até minha casa. Quem sabe desde então, desde aquela tarde de infância, eu quis que meu castelhano fosse como aquele mensageiro e aquela canastra de cartas, que fosse a língua daqueles que, depois de ter andado muito, depois de ter cruzado o mar, depois de haver-se perdido, nos encontram e protegem, ou nos levam a um lugar seguro, a uma terra onde estar a salvo.

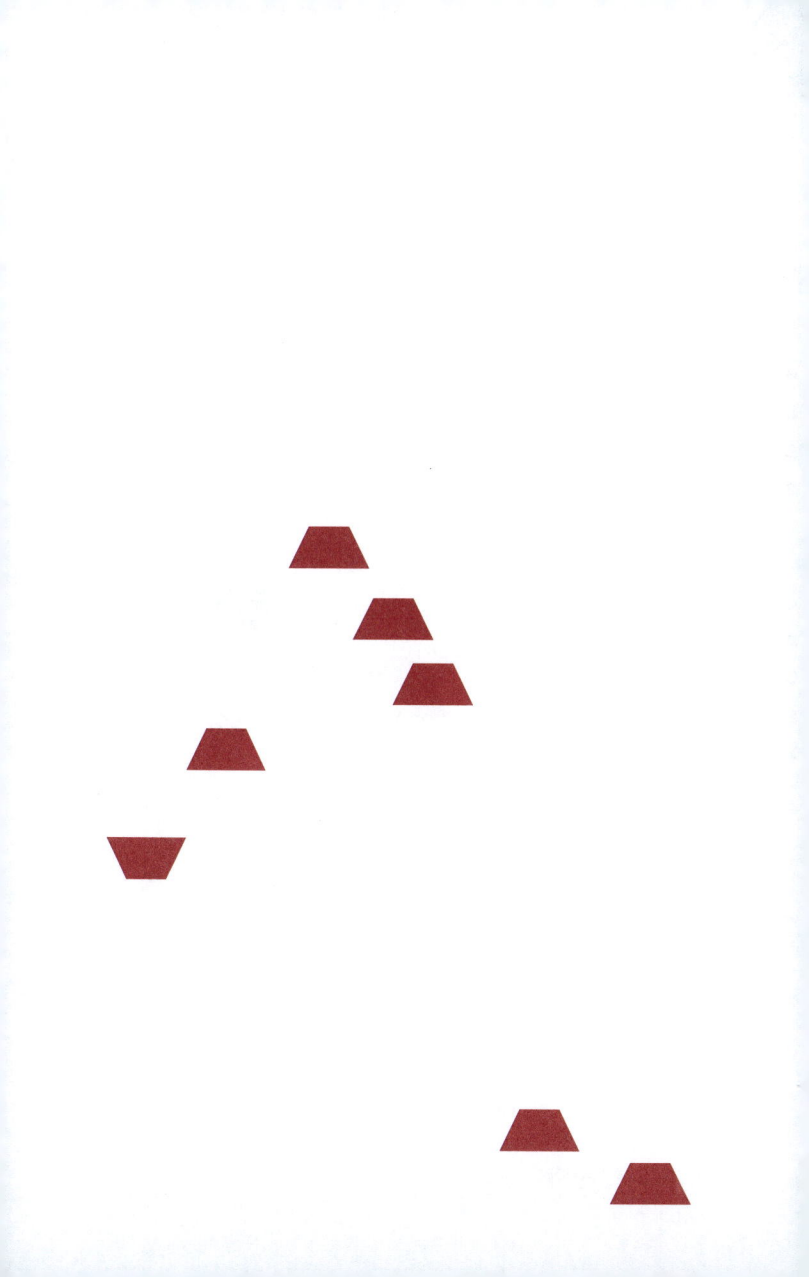

Algumas questões sobre a voz narrativa e o ponto de vista*

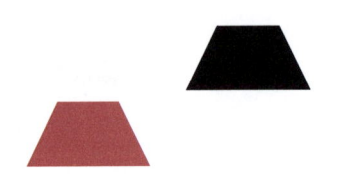

* Lido no Simpósio de Literatura Infantil. CEPA/ Escuela de Capacitación da Cidade de Buenos Aires. Cohorte, 2006.

Escrever um texto narrativo implica, de cara, tomar uma decisão sobre o ponto de vista, e é justamente a escolha de um ângulo de observação que dá a uma série de feitos o caráter de história. Como acontece na cultura desde a proibição do incesto, a eficácia de uma história se assenta, em boa medida, na proibição, na escolha, no recorte e na renúncia. Optar, então, por um narrador é ao mesmo tempo uma decisão e uma renúncia, aceitação dos limites e das leis do narrar, porque é precisamente a sujeição a uma lei que fará que uma história possa nascer do caos.

1.

Para que a narrativa seja possível, quer dizer, para que possamos acessar os fatos que nos contam, é indispensável a figura do narrador. Assim, um narrador é, em princípio, a pessoa verbal através da qual se exerce o ato de contar. Não tardamos a ver, porém, que é muito mais que isso, é, sobretudo, a consciência do relato, consciência através da qual passam os fatos contados. Assim, no ato narrativo que é o conto (ou o romance), o narrador conta, ou seja, *dá conta* de seu modo particular de ver esses fatos, já que as coisas não são o que são de forma absoluta, mas, sim, poderíamos dizer, seguindo a frase popular, são conforme o prisma através do qual são olhadas. Se um narrador for a consciência (a ideologia em seu sentido mais amplo) pela qual passam determinados fatos, esse narrador ostenta um saber (e um poder) sobre o narrado e sobre a narrativa, uma vez que estes não têm outro caminho de acesso a não ser o que aquele lhe oferece.

2.
Poderíamos classificar os narradores, grosseiramente, segundo a pessoa verbal utilizada, como narradores em primeira, em segunda ou em terceira pessoa. Entretanto, bastaria lançar mão dos dois ou três primeiros exemplos que encontremos para comprovar como o simples pode se tornar imensamente complexo, imensamente rico em matizes, de acordo com quem e como for usada a palavra "eu", uma palavra que abrange consciência, ideologia, sentimentos, conhecimentos, linguagem, cultura, espaço geográfico, tempo histórico, capacidade de compreensão, singularidade, além de pluralidade, distância do contado, posição, afinidades, diferenças e tantos outros matizes e aspectos.

Não queria nenhuma lembrança de minha vida anterior. O que havia guardado era, sim, uma pequena novela policial, um par de calças, as três camisetas que me deixavam magra e umas bombachas sujas que encontrei no último momento. O resto não me interessava. Tinha que guardar espaço para meus objetos preferidos: o autógrafo dos Menudos, que preservava cuidadosamente desde os 7 anos, meus dois álbuns com fotos do Ricky e a garrafa de água mineral Villavicencio, das de vidro, que ele me havia dado pessoalmente na discoteca Gualeguaychú-Pamela. Um pôster da Teleclick, tamanho duplo, onde se vê sua perna inteira e ele parece nu, minha medalhinha da virgem de Lourdes e o lenço branco com um "E" de um lado e a transpiração de Ricky impregnada a fogo no tecido. Isso e o telefone de Nélida Doménico era tudo do que precisava.

Esse parágrafo, exemplo de narrador em primeira pessoa, pertence a *La asesina de Lady Di* [*A assassina de Lady Di*], de Alejandro López. Embora não tenha sido publicado no circuito de literatura juvenil (desconfio muito dessas classificações), creio que mereceria estar, melhor dizendo, acredito que os jovens mereceriam se aproximar dessa novela, que aparenta ser uma história de adolescentes caprichosas e vai derivando — de modo almodovariano — para o suspense e o terror. A narradora, Esperança, adolescente obcecada por ter um filho de Ricky Martin, sai de Gualeguaychú, abandonando a mãe e o padrasto, para tentar realizar seu sonho em Buenos Aires. Seu falar é um sistema inesgotável — muito bem ajustado — de entrevistas televisivas e saberes aprendidos em revistas românticas. Mas logo o banal se torna complexo, ou, melhor dizendo, logo se vê quão complexa é sua banalidade, porque no mundo de Esperança — na profundidade de seu Eu — as fotos do jornal, a televisão, a lista telefônica, a notícia radiofônica constituem suas únicas possibilidades.

Trata-se de um uso do eu, primeira pessoa, muito diferente, no registro de linguagem, na possibilidade de ingresso na interioridade do personagem e, sobretudo, no tom do relato, do uso do eu, primeira pessoa, do moço que, em *O último planeta*, de Ricardo Mariño, relata seu retorno em um cosmo-ônibus de Netuno até a Terra.

> Ignorávamos que distância nos separava da nave. Em certo momento, deixamos para trás as suaves elevações "terrestres", o pó e os pequenos matagais que faziam parte da paisagem que rodeava o castelo de Rasgos, do "sonho" que incluía Rasgos e seu palácio, e novamente entramos no chão plano e nu do planeta.
>
> Calculei então que a distância que haveria dali até a nave seria igual a tudo o que tínhamos andado de moto, já que os homens de Rasgos haviam surgido pouco depois que nossa bateria se esgotou. Pelo menos teríamos que cavalgar várias horas para nos reunirmos com nossos amigos...

A sensação que a leitura de *O último planeta* provocou é a mesma que me provocam muitos livros de literatura para crianças ou jovens: a de estar diante de um narrador que não pôde entrar totalmente na ficção porque está muito atento às exigências do gênero (as palavras entre aspas são prova evidente disso), preocupado em escrever um texto correto, com as convenções necessárias, todas eficazes, com garantia de obter sua legião de leitores. Não estou dizendo que é um livro ruim num sentido mais superficial, é possível que esteja entre os romances mais aceitáveis para crianças editados na Argentina para essa faixa etária; podemos dizer, inclusive, que estamos diante de um de nossos escritores para crianças e jovens mais difundidos; entretanto, podemos ver também com certa clareza que não se trata de um livro cuja leitura ofereça riscos nem desconforto, tampouco ambiguidade. Os livros verdadeiramente bons não são livros escritos ou editados deliberadamente para todo mundo, funcionais para os editores, para a cadeia de vendas e para a escola, mas, sobretudo, livros capazes de nos fazer entrar em conflito com nós mesmos. Não a todos os leitores consigo mesmos, mas a nós (não importa de quantos nós se trate), de maneira particular, única. Quanto ao uso da primeira pessoa, o narrador de *El último planeta* apaga-se como personagem que relata, dissolve-se no anonimato, ao passo que Esperança, a narradora de *La asesina de Lady Di*, continua sendo — como muitos outros eus da literatura —, vários anos após a leitura, absolutamente identificável, recordável.

3.

Diz, sobre o eu, a poeta austríaca Ingeborg Bachmann, em *Problemas de la literatura contemporánea*:

> Do Eu gostaria falar, do que se esconde atrás de um Eu. [...] Eu digo a Você. Se eu digo isso a uma pessoa individual, parece ser bastante claro que eu se move aí e o que se quer dizer com a frase em que aparece o Eu que diz algo assim. Mas basta que você se eleve um pouco acima e diga a muitos abaixo "Eu lhes digo, a vocês", para que então o Eu mude repentinamente, escape do que fala, torne-se formal e retórico. [...]
> O que é, então, o Eu, o que poderia ser? Uma constelação cujo lugar e cujos caminhos nunca são totalmente estabelecidos e cujo núcleo nunca é reconhecido em sua composição. Miríades de partículas que constituem o eu e, ao mesmo tempo, é como se o eu fosse um nada...
> O eu das pessoas ao lado e o eu de César e o eu de Hamlet e o dos psicólogos e o dos filósofos e o dos analistas e os infinitos eus autobiográficos ou ficcionais...
> Há muitos Eus e não há nenhum acordo sobre o Eu, como se nunca tivesse que haver acordo sobre as pessoas, a não ser apenas esboços, sempre renovados...

Poderíamos dizer algo semelhante sobre o narrador em terceira pessoa, se evitarmos a simples convicção de que ele pode se dividir simplesmente em narrador em terceira onisciente, clássico, possuidor de um saber inteiro/

completo sobre o mundo narrado, e outro narrador, também em terceira pessoa, de aparição muito posterior no tempo, que focaliza um personagem, tem um saber limitado a esse personagem e participa de muitos aspectos e complexidades do narrador em primeira pessoa. A título de exemplo, apresento um parágrafo de *La estrategia del sueño* [*A estratégia do sonho*], novela de David Wapner, em que se vê um narrador em terceira pessoa focalizado no inspetor Martinuchi, de modo muito forte, quase extremo em sua penetração na interioridade do personagem.

Quando soa o despertador, o inspetor Martinuchi, que não pregou o olho a noite toda, deixa-o um momento. Como estou acordado, não tenho por que despertar. São seis da manhã, e por fim dorme. Durante seu sonho, sonha com o alarme do despertador, e ele mesmo sonha que sonha com um alarme. Em seu sonho, Martinuchi não sabe de onde vem o som. Olha para o relógio despertador, e a este falta um ponteiro. Logo em seguida, o relógio tem três ponteiros, mas não funciona. Como Martinuchi sabe que se trata de um sonho, pensa então que o alarme deixará de soar assim que despertar. Faz força para despertar, e, quando afinal consegue, o despertador continua soando. Martinuchi não faz nada para desligá-lo; deve ser o despertador do meu sonho que ainda continua soando; tenho que dormir para desligá-lo. Martinuchi vai e vem de seu sonho, sem se dar conta de seu encargo de terminar com a cigarra que já rasga seus ouvidos. Numa dessas voltas, faz tal movimento com o braço direito que o despertador cai no chão e quebra. Martinuchi se levanta sobressaltado: o que aconteceu, o que aconteceu, o que aconteceu!...

4.

A tradição oral, e nela os relatos de caráter sagrado, implica a existência de um narrador cuja autoridade não seja posta em dúvida. O narrador trabalha a partir da tradição e, tanto nela como, especificamente, nos relatos sagrados (em que o narrador foi inspirado por Deus, que lhe insuflou o conhecimento), ele sempre é depositário de toda a verdade e tem a última palavra sobre a história.

> Em um povoado de Kateraka, vivia um *barataka* chamado Luntaka, que tinha um discípulo chamado Kuntaka, que era tão bobo quanto glutão. Um dia, por ocasião de uma festa, Kuntaka tinha recebido como esmola trinta e dois bolos. Enquanto voltava para casa, bateu-lhe a fome, e então pensou: destes bolos, meu mestre me dará a metade que me corresponde, de modo que posso comer minha metade. E, assim, comeu dezesseis bolos. Depois, continuou raciocinando desse modo: agora ele me dará a metade destes. Vou comer imediatamente a minha metade, que são oito bolos. Comeu oito bolos e assim continuou, até que só restou meio bolo, que ele entregou ao mestre.
> Este lhe disse: Mas, o que é isso? Nosso filho espiritual não lhe deu mais que meio bolo, ou você comeu a metade?

O discípulo respondeu: Seu filho espiritual o estima e por isso me deu trinta e dois bolos, mas eu os comi.
Ao ouvi-lo, o mestre disse: Como você fez isso?!
E então o discípulo, em presença do mestre, comeu a última metade de bolo e disse: Foi assim que fiz!

5.
O narrador em terceira pessoa clássico, o narrador onisciente dos contos tradicionais, funciona como um grande olho que assiste ao desdobramento de uns personagens como quem assiste a um teatro de sombras.

> Acordava ainda no escuro, como se ouvisse o sol chegando atrás das beiradas da noite. E logo sentava-se ao tear. Linha clara, para começar o dia. Delicado traço cor da luz, que ela ia passando entre os fios...

É assim que começa o conto "A moça tecelã", em *Doze reis e a moça no labirinto do vento*, de Marina Colasanti. A jovem tecelã tecia o mundo com suas noites e seus dias, com seus alimentos, suas bebidas e suas roupas, e teceu marido, utensílios e casa, até possuir tudo. Tão completa quanto triste, à tecelã nada resta a não ser começar a destecer o fato:

> Depois desteceu os criados e o palácio e todas as maravilhas que continha. E novamente se viu em sua casa pequena e sorriu para o jardim além da janela.

A noite acabava quando o marido, estranhando a cama dura, acordou e, espantado, olhou em volta. Não teve tempo de se levantar. Ela já desfazia o desenho escuro dos sapatos, e ele viu seus pés desaparecendo, sumindo as pernas. Rápido, o nada subiu-lhe pelo corpo, tomou o peito aprumado, o emplumado chapéu.

Então, como se ouvisse a chegada do sol, a moça escolheu uma linha clara. E foi passando-a devagar entre os fios, delicado traço de luz que a manhã repetiu na linha do horizonte.

A propósito, poderíamos comparar a ideia de construção do relato, como uma malha que se tece e se destece, entre esse conto (com narrador em terceira pessoa onisciente, cujo centro do Universo relatado está na tecelã), o conto de "El señor Lanari", de Ema Wolf, no qual as estratégias de escritura nos levam para a zona do humor e do absurdo, e este conto de Luisa Axpe intitulado "Geolana, um coelho e o mundo", que começa como um relato tradicional, embora, já na introdução, a palavra "aviões" possa sugerir outros sentidos.

Muito além das nuvens mais altas, mais longe ainda que o espaço por onde voam os pássaros e os aviões, vive Geolana.

Mais adiante, o narrador "se permite ver" (*"Este coelho é um tolo", diria um menino parado atrás de uma árvore, olhando como o coelho…/ Talvez o coelho acerte saltar de maneira exata para formar outra árvore…/ Geolana, enquanto isso, acaba de empurrar com o cotovelo um novelo verde que cai fazendo um emaranhado…/ O menino não viu a lã desenhando um prado verde, tampouco viu a menina que nesse momento sai, digamos, detrás da árvore e começa a caminhar pelo prado."*) com seus apelos inseridos no texto, estratégia com a qual renuncia à onisciência e se mostra, ao mesmo tempo, como fazedor de um texto que expõe o modo como vai sendo construído:

> Aqui surge uma dúvida para o menino: seguir o coelho ou a menina. Suponhamos que siga o coelho: os coelhos são extremamente fugidios e é muito fácil para eles se esconder atrás de um montão de trevos, sobretudo se atrás do montão de trevos estiver uma coelha prateada que sorri e sorri para eles. Ao menino, então, não resta outra alternativa: seguir a menina. É provável que a menina também goste de coelhos…

Recurso que termina por converter um narrador de tom antigo em um muito contemporâneo.

6.
Na maioria das obras do século XIX, os escritores não parecem muito preocupados com o problema do narrador (o romancista conta, dá por certo que alguns leitores o lerão, e isso basta). A consciência a respeito da

figura do narrador é incrementada notavelmente em torno de Freud e o descobrimento do inconsciente, sem o qual não poderiam ser explicados nem Joyce, nem Hermann Broch, nem Kafka, nem Faulkner,[1] para dar alguns exemplos apenas. A partir desse momento, o narrador/ponto de vista torna-se mais complexo e, paralelamente, cresce a convicção de que não existem verdades absolutas, de que cada um de nós constrói sua pequena verdade. Na literatura destinada a crianças e jovens, como acontece em outros aspectos, essa consciência narrativa é tardia, ainda mais em nosso país, onde a narração de histórias de fôlego, salvo algumas exceções, começou há poucos anos.

7.

Até a ruptura epistemológica que o fim da Idade Média significou (a revolução copernicana, a queda de um mundo teocêntrico e sua concepção transcendente da vida, o surgimento do humanismo, tudo o que configura uma das maiores crises na história da humanidade), o narrador em terceira pessoa onisciente era o único modo de contar. Narrador em terceira pessoa onisciente ou, em sua falta, um narrador autobiográfico (primeira pessoa não ficcional, colada ao autor, que narrava o que tinha

---

[1] James Joyce (1882-1941), escritor irlandês; Hermann Broch (1886-1951), escritor austríaco; Franz Kafka (1883-1924), escritor tcheco; William Faulkner (1897-1962), escritor estadunidense. [N.E.]

acontecido a este). Por essa razão e pela cosmovisão que o sustenta, o narrador onisciente, aquele narrador primitivo do *illo tempore*, leva-nos sempre a fatos acontecidos — ou como se tivessem acontecido — no tempo do mito ou no início da História, tão no início que os fatos são imprecisos no tempo e indefinidos no espaço, o que é de grande eficácia para o relato épico e para o desenvolvimento do heroico, assim como é parte constitutiva do gênero maravilhoso (também do maravilhoso contemporâneo, compreendendo, em boa medida, o que chamamos realismo mágico). Trata-se, tanto hoje como ontem, de um narrador que possui saber total sobre o contado, um narrador que, à maneira divina, sustenta um mundo onde lutam o Mal e o Bem e no qual, depois de muitas adversidades, o triunfo do Bem pode ser garantido. Um narrador, enfim, em quem podemos confiar, razão pela qual aparece com muita frequência (embora nem sempre com a mesma eficácia) na literatura destinada a crianças e jovens.

Decidir um ponto de vista diante do narrado não significa apenas instalar o lugar do eu, mas também assinala o lugar que se pretende que você ocupe para observar os feitos narrados. O narrador onisciente, um narrador que, em grande medida, é acompanhado de verbos no pretérito imperfeito que contribuem para um matiz de durabilidade no passado, assim como de um efeito inacabado e impreciso, remetendo a um tempo longínquo, já perdido, um tempo atravessado pelas forças do bem e do mal, pelo assombro e pela magia e fortemente ancorado numa dimensão ética da existência. Trata-se de um narrador que reclama um você cheio de fé, que aceita sem pruridos o mundo narrativo que ele oferece, um você com quase tanta fé quanto aqueles homens que, nus ou cobertos apenas por peles, sentavam-se em torno do fogo para ouvir as primeiras histórias.

Diz María Isabel Filinich:

> Ao nos referirmos ao sujeito da enunciação, aludimos à presença dessa estrutura dialógica que sustenta todo discurso e que poderia ser parafraseada pela cláusula "Eu lhe digo que...", a qual pode se antepor a qualquer enunciado.

Em relação a isso, vou ler o começo de *Los días del venado* [*Os dias do cervo*], esplêndido exemplo dessa modalidade de narrador em terceira pessoa, em que é possível ver o saber total sobre o narrado, a instalação no *illo tempore* e a presença de um universo de características épicas e éticas. Antes de começar a parte inicial do primeiro tomo, numa espécie de prólogo, um narrador em primeira pessoa introduz a saga dizendo: "[Eu digo que] *ocorreu há tantas Eras que não ficou dela nem o eco da lembrança do eco da lembrança. Nenhum vestígio...*". Ainda que não fique nem o eco da lembrança, eu [esse narrador que se esconde na palavra "eu" para contar a saga]... "*narrarei agora estes fatos, em línguas humanas, e detalhadamente*". Mas, se todo discurso se sustenta em uma estrutura dialógica que poderia ser parafraseada pela cláusula "Eu digo que", poderíamos dizer que aqui há um: "['Eu digo que' um Eu diz que] *ocorreu há tantas Eras que não fica dela nem o eco da lembrança do eco da lembrança...*".

Leio o começo desse prólogo:

> E ocorreu há tantas Eras que não fica dela nem o eco da lembrança do eco da lembrança. Nenhum vestígio sobre esses feitos conseguiu permanecer. E, mesmo quando puderem entrar em covas sepultadas sob as novas civilizações, nada encontrarão.
>
> O que vou relatar aconteceu em um tempo muito longínquo, quando os continentes tinham outra forma e os rios tinham outro curso. Então, as horas das Criaturas passavam lentas, os Bruxos da Terra percorriam as montanhas Maduinas procurando ervas salutíferas, e ainda era simples ver os lulus, nas longas noites das ilhas do sul, dançando ao redor de suas caudas. [...] Estes são os fatos que agora narrarei, em línguas humanas, detalhadamente.

Depois disso, o narrador dá início à saga, já instalado no narrador em terceira pessoa:

> — Será amanhã — cantarolou Velha Kush quando ouviu o ruído dos primeiros trovões. Deixou de lado o tecido no qual trabalhava e se aproximou até a janela para olhar o bosque. [...]

Como tinha acontecido em todos os invernos de que se recordava, retornava à terra dos *husihuilkes* outra longa temporada de chuvas. Vinha do sul e do lado do mar arrastada por um vento que estendia céus espessos sobre Los Confines e ali os deixava para que se cansassem de chover...

Entre outros traços, nesse prólogo em que um narrador em primeira pessoa fica em evidência — e, mais precisamente, na inserção de um narrador em outro: *"Eu digo que um Eu todo-poderoso e sabedor de todo o acontecido — quer dizer, um deus — diz que vai contar em línguas humanas, detalhadamente, a Saga de los Confines"*. Podemos ver uma volta intensa para a contemporaneidade, a marca de um escritor de nossos dias no uso de um narrador clássico.

8.

Se o narrador dos contos maravilhosos ostenta um saber total sobre os fatos e reclama um você cheio de fé, o narrador do fantástico tem um saber sempre recortado e provisório (uma terceira pessoa focalizada em um personagem ou, com maior frequência, uma primeira pessoa) e pede um você capaz de duvidar. É essa a condição que constitui o gênero nascido no ápice do pensamento racionalista do século XIX. O que acontece, por exemplo, em *La sobrevida*, de Jorge Accame, em que o amigo da secundarista, desaparecido em 1976 (mas não é absolutamente certo que tenha desaparecido, porque a lista do jornal alterava seu sobrenome e, em vez de

Ángel Gambari, aparecia um Ángel Gambaro), aparece para o narrador em um ônibus em Buenos Aires.

> Observei-o o tempo que durou a viagem. Ele não me reconheceu e eu não lhe falei. Tive o impulso de permanecer a seu lado até que descesse e de segui-lo para saber para onde se dirigia, mas abandonei o ônibus na parada do cinema. Tratei de adivinhar as razões que me levaram a não me mostrar, a não o abraçar. Depois de tantos anos aguardando que alguém dissesse que estava vivo, teria sido simples, nesse momento, obter a prova irrefutável que acreditava precisar.

Talvez o conto — sobretudo no caso em que o autor tivesse querido sustentá-lo dentro do gênero fantástico, como vem prometendo — devesse ter terminado nesse ponto, ou seja, na vacilação entre acreditar ou não acreditar que se trata do amigo assassinado pelos militares. Entretanto, *La sobrevida* continua, oferecendo ao leitor certezas que inclinam definitivamente a balança para a segurança de que não se trata dele, mas de outro, parecido talvez, ou, em todo caso, de uma espécie de alucinação do narrador, levando o relato, portanto, para o gênero do estranho, vizinho do fantástico, porém menos sugestivo e ambíguo.

> Uma coisa é certa: jamais nos encontramos, e naquele dia de setembro a fantasia trabalhosamente construída

com a possibilidade de sua morte esteve a ponto de se romper. Se tivéssemos nos falado, teria se aberto um buraco sob meus pés.

Chamei dois antigos companheiros de colégio para não suportar a história sozinho. Um se surpreendeu, embora não tanto quanto eu esperava. O outro me escutou com paciência, depois me disse que não era possível, porque o governo havia finalmente devolvido seu cadáver e ele mesmo tinha estado no enterro.

Mais ferreamente sustentado num narrador próprio do gênero fantástico está "El Tálliem real", conto de Estela Smania no qual a narradora, fervorosa leitora na infância que depois se tornou escritora, alter ego da autora (*"Tomo na ponta dos dedos o pacote envolto em papel kraft e leio 'Para Estelita', escrito em azul com essa letra redonda, quase de menina, que conheço bem"*), vê materializar-se — na herança que lhe é deixada pela bibliotecária — um livro inventado que ousou lhe pedir numa tarde, que agora possivelmente escreverá, no caso, o livro que estamos lendo:

> Rasgo o pacote e aparece um livro de capa vermelha, com letras grandes e douradas: *El Tálliem real*. Abro-o. Na primeira folha, em uma ficha de cartolina, anuncia-se: Ficção científica. E constam meu nome, o lugar onde nasci, o dia e o ano da edição, 2020, depois centenas de folhas em branco que me aturdem até me fazer cambalear.
> Atiro-o longe como se fosse um inseto.

Faz tempo que passou o que passou, porém, de vez em quando, sinto um calafrio, como se alguém tivesse aberto uma porta e um vento gelado penetrasse pelo vazio. Parece-me, então, que uma presença invisível me acompanha, vigia-me, quase me toca, enquanto escrevo.

9.

No caso das narrações em terceira pessoa não onisciente, e também, é evidente, no dos relatos em primeira pessoa, o narrador tem um saber e um poder parcial sobre os fatos, como teria um personagem e como também temos. É claro que abre-se outra vez uma infinidade de matizes, dependendo de quem seja esse Eu que se converte em sujeito de enunciação ou de quem seja esse Ele no qual o narrador focaliza. Parafraseando Ingeborg Bachmann, poderíamos dizer: *"Quem é esse no qual o narrador em terceira focaliza? Miríades de partículas o constituem e, ao mesmo tempo, parece que ele era uma nada…"*. A presença dessa estrutura dialógica que sustenta todo discurso e que poderia ser descrita pela cláusula "Eu lhe digo que…", de que fala Filinich e que se antepõe a qualquer enunciado, pode adquirir rumos inesperados e encadeamentos que intervêm (e, portanto, dotam de maior ambiguidade e riqueza), em sucessivas camadas, cada vez mais no narrado, tal como acontece em *O conto de Natal de Auggie Wren*, escrito por Paul Auster.

O conto começa: *"Foi Auggie Wren quem me contou esta história"*, ou seja, começa citando um narrador de quem o narrador que temos em mãos se oferece como intermediário. Vou contar a vocês um conto que Auggie Wren me contou. Em termos de Filinich: [Eu digo que] *"foi Auggie Wren quem me contou esta história".* Mas em seguida o narrador tira outra camada: *"Como Auggie não faz um papel muito bonito no conto, ao menos não tanto quanto ele gostaria, me pediu que não usasse seu nome verdadeiro. A não ser por isso, toda a confusão sobre a carteira perdida, a mulher cega e a ceia de Natal vai reproduzida aqui exatamente como ele me contou".*[2] Quer dizer: [Eu digo que] este conto me foi contado por uma pessoa [se é que alguém na verdade me contou isso, se é que não se trata de invenção minha, porque eu me dedico justamente a inventar histórias] cujo nome não quero lhes dizer, mas, embora eu esteja mentindo nesse ponto, em todo o resto direi a verdade. Ato contínuo, o conto discorre sobre questões relativas à amizade entre o tal Auggie que — já nos foi dito — não se chama assim e o narrador do conto de Natal que anuncia o título, e que esse narrador — é o que nos promete — começará a nos contar assim que tiver concluído o relato de sua amizade com o homem que ele (para não lhe dar seu nome verdadeiro) chama de Auggie, que, por sua vez, vende charutos e revistas. O relato (o conto prévio ao conto de Natal que anuncia o título) entra na história das fotografias que o tal Auggie mostra a nosso narrador e que foram tiradas ao longo de doze anos, sempre

---

2 Tradução de Rubens Figueiredo para a Companhia das Letras. [N.E.]

à mesma hora, na mesma esquina e do mesmo ângulo. O progressivo olhar das personagens das fotos (todas iguais, mas, se bem observadas, todas distintas) passando do indiferente até a revelação (num sentido não apenas fotográfico) de seu estado de ânimo, *"como se eu pudesse imaginar histórias para elas, como se eu pudesse penetrar nos dramas invisíveis encerrados em seus corpos"*, é, ao mesmo tempo, a descrição do que acontece com o exercício de olhar na hora de escrever. Olhar. Olhar intensamente até perceber ali o único, o particular. Olhar — como dizia Pizarnik[3] — até pulverizar os olhos.

Na metade exata do texto, nosso narrador faz saltar outra camada e se revela como alter ego do autor (informação que é reafirmada nas linhas finais, quando Auggie o chama simplesmente de Paul): vive em Nova York, um homem do *New York Times* o chama para perguntar se estaria disposto a escrever um conto de Natal, ele luta com fantasmas de escritores natalinos como Dickens e O'Henry[4] e devaneia com reflexões metaliterárias: *"A mera expressão 'conto de Natal' trazia associações desagradáveis para mim, evocava aterradoras efusões de sentimentalismo hipócrita e bobagens melosas. Na melhor das hipóteses, contos de Natal não passavam de sonhos otimistas…"*, reflexões que remetem à impossibilidade de honrar a encomenda feita

---

3 Alejandra Pizarnik (1936-1972), poeta argentina. [N.E.]

4 Charles Dickens (1812-1870), escritor inglês; O'Henry, pseudônimo de William Sydney Porter (1862-1910), escritor estadunidense. [N.E.]

pelo homem do jornal. E é então, quando o acreditávamos esquecido, que reaparece Auggie Wren, dizendo:

> "Um conto de Natal?", disse ele quando terminei. É só isso? Se me pagar um almoço, meu amigo, vou contar para você a melhor história de Natal que já ouviu. E garanto que cada palavra dessa história é pura verdade [...] e então Auggie se pôs a contar sua história.

E então é relatado — em primeira pessoa — o conto de Natal prometido pelo título: a história de um ladrão patético que esquece sua carteira na loja de Auggie e do próprio Auggie, que, nesse dia de Natal, decide fazer uma boa ação e devolver a carteira ao ladrão. Não encontra, porém, o tal ladrão, e sim a avó dele, que acredita (ou finge acreditar) que seu neto retornou para visitá-la. O visitante também finge ser o neto, narra--lhe suas mentiras (mentiras que dão certa felicidade, como os contos) nas quais ela brinca de acreditar (mais ou menos como nós, quando lemos). Finalmente, no banheiro da avó do ladrão, o falso Auggie encontra uma câmara fotográfica, rouba-a e, com esse gesto, começa sua paixão pela fotografia. *"Menti para ela e depois ainda roubei uma coisa dela. Não sei como você pode dizer que fiz uma boa ação"*, diz Auggie quase no final, colocando em evidência dois saberes centrais na construção da literatura: saber mentir, saber roubar. Roubo e mentira, apropriação e ficção percorrem o livro de Auster:

o narrador que se mostra como Paul se apropria da experiência e do relato que Auggie conta para escrever o conto que lhe foi encomendado. Auggie se apropria da câmara que roubou um ladrão para colocar em prática sua paixão pelas fotos. Mente o narrador a respeito da identidade de quem lhe conta a história, mente (embora jure dizer a verdade) quem narra, mente Auggie à avó, fazendo-a acreditar que é seu neto, e ela mente fingindo acreditar, enquanto o narrador Paul e o narrador inserido Auggie juram — como se jura nos contos — que nada é conto, que tudo é a pura verdade.

"*Toda a confusão [...] vai reproduzida aqui exatamente como ele me contou*", diz o narrador chamado Paul. "*E garanto que cada palavra dessa história é pura verdade*", diz o narrador chamado Auggie. "*Menti para ela e depois ainda roubei uma coisa dela*", diz Auggie. Tudo pela arte, não é, Paul?

É por essas razões — mentira e roubo — que Auggie pode usar sua câmara e Paul pode escrever seu conto. Agora também nosso conto.

10.

No caso de um narrador em terceira pessoa não onisciente, a ideia capital é: O narrador está dentro ou fora da história que conta? Quão dentro? Quão fora? Até onde quem escreve deve/pode/quer fazer que o narrador em terceira se aproxime do personagem focalizado? Por exemplo, entre *Los picucos*, de Lilia Lardone, e as aventuras do inspetor Martinuchi, em *La estrategia del sueño*, ambos com narrador em terceira focalizado num personagem, a diferença é de grau. O narrador focalizado em Moncho, o menino que sai em busca de "picucos" no livro de Lardone, permite sustentar a incógnita de um modo que jamais um narrador em terceira pessoa onisciente teria conseguido e com maior eficácia do que um narrador em primeira pessoa teria permitido. De maneira que poderíamos dizer que, nesse caso, estamos diante de um assunto que só poderia ser narrado por um narrador em terceira focalizado no personagem suporte.

> Passaram-se muitos meses, onde era. Tenta no canteiro de repolhos, entre a parede da casa do lado e o limoeiro. Ou melhor, um pouco mais à frente. Moncho calça a lanterna numa forquilha do limoeiro para iluminar o chão e não consegue nem cravar a pá, a terra está muito dura. Mas continua tentando, até que, ao lado do último repolho, justo quando afunda a pá, ouve um barulhinho metálico...

Já *La estrategia del sueño* também poderia ser narrada em primeira pessoa, por meio da qual o leitor poderia ter acesso à mesma quantidade de informação sobre Martinuchi e seu mundo, porém, nesse caso, é mais que provável que tivesse desaparecido o registro absurdo, possivelmente sua maior qualidade.

Na maioria das vezes, o grau de aproximação ou de distância que o narrador mantém em relação à história é o efeito que garante o êxito da narração. Grau de aproximação ou de distância que no processo de escritura nem sempre obedece a uma decisão teórica prévia, mas que fica melhor como uma intuição ou, mais ainda, como algo que o ouvido capta do mundo circundante e que se torna o começo de uma voz narrativa cujo fio terá de começar a puxar.

11.
Na hora de escrever uma história, uma vez decidida a voz narrativa e o ponto de vista do qual narrar, torna-se fundamental o controle dessa voz como uma unidade (feita de coesão, coerência ideológica, psicológica, social, cultural, linguística) de todo o narrado, para que nossa própria voz não se interponha nem interfiram outras vozes possíveis, tampouco outros possíveis saberes ou poderes sobre o narrado.

Alguns narradores são mais difíceis de sustentar com elegância ao longo de um conto ou de um romance. O narrador em segunda pessoa, por exemplo, frequentemente demanda verbos no futuro, e nos leva com frequência a um matiz imperativo, a certa condição de inevitabilidade dos fatos narrados, questão que pode enriquecer ou entorpecer o contado, conforme o projeto de escritura que tenhamos. Coisas similares ocorrem em outras explorações narrativas pouco usuais, como um narrador impessoal sustentado por verbos no infinitivo à maneira de uma instrução (um exemplo muito interessante é o conto "Antieros", da escritora argentina Tununa Mercado), que, talvez, também pode levar — por não ter, quem escreve, um manejo excepcional de sua ferramenta — a um beco sem saída. O fragmento de "Antieros" transcrito a seguir é uma amostra do que uma estratégia narrativa pode alcançar em mãos hábeis, até fazer que uma instrução doméstica se desdobre em erotismo.

> Começar pelos quartos. Varrer cuidadosamente com uma vassoura molhada o tapete (um balde com água deve acompanhar esse trânsito da antecâmara do fundo e pelas outras antecâmaras até o final do corredor). Recolher o lixo uma primeira vez ao terminar a primeira antecâmara, e assim sucessivamente com as outras. Retornar à primeira antecâmara, a do fundo, e tirar o pó dos móveis com uma flanela úmida, mas não molhada. Sacudir os lençóis e colchas e fazer a cama [...]. Reduzir ainda mais as chamas, quase até a extinção e, como vestal, parar no meio da cozinha e considerar esse espaço como um anfiteatro; ter saudades do quarto, do interior, do recinto fechado, proibidos por estarem prisioneiros da ordem que se instaurou umas horas antes. Lubrificar todo o corpo com máxima meticulosidade, fendas de diferentes profundidades e caráter, depressões e saliências; girar, dobrar-se, procurar a harmonia dos movimentos, cheirar a azeitona e cominho, e a *caraway* e curry, as misturas que a pele acabou por absorver, transtornando os sentidos e

transformando em dança os passos cada vez mais cadenciados, e deixar-se invadir pela culminação em meio a suores e fragrâncias.

12.

O ponto de vista do qual se conta é o mais importante nessa história, o primeiro a decidir, o que determinará todo o resto, cada palavra, cada pontuação que aí se coloque. Eu me atreveria a dizer que o ponto de vista e a voz nascem sempre com a própria história, de modo que uma história não é tal separadamente, mas através de seu narrador e seu ponto de vista. Para onde olhar? O ponto de vista é constituído pela voz sempre particular que narra, pela distância, pela vinculação, pelo grau de compromisso e pelo ângulo do olhar do narrador em relação ao narrado, mais esse intangível (o mais difícil de alcançar na narrativa) que é o tom, o estado íntimo e o grau de subjetividade com o qual quem escreve uma história pretende que o narrador narre o narrado. O tom: estado, sutileza, espiritualidade que o narrador imprime de modo sutil, quase invisível, como uma chuva de pó sobre o narrado.

O tom está sempre em estreita relação com o narrador escolhido e com o ponto de vista e se manifesta — como tudo em um texto — nas palavras escolhidas e no que elas têm de especial, particular, combinatório. A esse respeito, lembro muito bem o tempo que levei para escolher os nomes dos personagens nos contos de

El anillo encantado e o tempo dedicado a escolher nomes de lugares para que os contos não perdessem certo tom de exotismo e arcaísmo que eu procurava. É óbvio que é muito diferente o efeito de chamar Longobardo, Ifigenia, Sadha ou Talafú um personagem, do que chamá-lo Juan, Alicia, María ou Mirta. Tampouco, entre os nomes ocidentais, contemporâneos e familiares, dá na mesma chamar um personagem de Juan ou María, apelando possivelmente para o arquetípico — penso em Juancito e María, personagens de Javier Villafañe —, em vez de chamá-lo Susana ou Rubén, porque cada palavra tem seu peso e seu poder e cabe a quem escreve aprender a tirar partido delas.

> Fazia poucos dias que Longobardo havia ganhado a batalha da Silecia, quando os príncipes da Isabela decidiram organizar um baile a fantasia em sua homenagem.
> O baile seria na noite de Pentecostes, nos terraços do Palácio Púrpura, e para ele seriam convidadas todas as mulheres do reino.
> Longobardo decidiu fantasiar-se de corsário para não se ver obrigado a ocultar sua vontade intrépida e selvagem...

Estava no processo de escrita desse livro quando li a palavra Silecia (antiga região geográfica europeia) em *Se um viajante numa noite de inverno*, de Italo Calvino, e decidi incorporá-la. Tratava-se de uma noite especial, que nome dar a essa noite? Definir uma data (o baile seria na noite de 25 de agosto, por exemplo) teria mudado radicalmente o tom, porque o assombro e a maravilha requerem o difuso e o impreciso. Se não uma data, então um nome. A festa de Natal, a festa de Reis? Talvez soasse muito comum e, já se sabe, a capacidade de nos maravilhar aumenta diante do alheio, do exótico, do desconhecido. O dia das bodas do príncipe ou o aniversário de criação do império? Não, porque o herói — o rei da festa — devia ser Longobardo. Surgiu, então, esse nome do calendário cristão, a comemoração do Espírito Santo, que já quase ninguém registra: a noite de Pentecostes.

13.

A paródia requer do eu que narra um tom que pressupõe, que compartilha com o você receptor, um saber prévio. É o que acontece no narrador redondo e sem fissuras que Ema Wolf utiliza em *Barbanegra y los buñelos* [Barbanegra e os bolinhos], narrador em terceira pessoa focalizado no personagem de *Doña* Trementina Barbanegra, que relata, ao mesmo tempo que as aventuras do pirata apaixonado pelos bolinhos, a paródia de uma história de piratas, um tipo de relato que — supõe-se — o autor e o leitor conhecem igualmente. Em termos de Filinich: [a vocês que conhecem tão bem como eu as histórias de piratas e que sabem que os piratas são valentes, toscos, machistas e ardilosos, eu digo que] *"O que ninguém sabe é que a bordo do navio do pirata Barbanegra viajava sua mãe"*.

Doña Trementina Barbanegra — assim se chamava — subiu a bordo do Chápiro Verde no dia em que seu filho foi ao mar pela primeira vez, e apenas para lhe dar o tubo de pasta de dentes de que o porcalhão se esquecera. O Chápiro Verde soltou as amarras e ninguém notou, a não ser três dias depois, que a senhora tinha ficado a bordo. Encontraram-na dando conselhos ao cozinheiro sobre como preparar o molho tártaro em uma forma de pudim inglês.
"Mãe!", disse Barbanegra ao vê-la.
"Filho!", disse Trementina.
E ficou.
O amanhecer, o meio-dia e o crepúsculo a encontravam, no convés, sentada sobre um barril de rum antilhano, atenta à chama das velas, vigiando as mudanças do vento e esparramando advertências em voz alta.

14.

Uma configuração especial da figura do narrador é a que pedem os romances construídos a partir de cartas, restos de informação ou outras modalidades fragmentadas que o leitor deve ligar até construir, possivelmente mais que em qualquer outra modalidade narrativa, o que Umberto Eco chama de os "capítulos ausentes". É o caso de *Interland*, de David Wapner, que contribui para o campo da literatura infantil argentina com uma estrutura original. A novela narra, de modo fragmentado e sem linearidade temporária, a história de uma cidade situada junto ao rio Grün e que, em 1845, foi sepultada por uma chuva de areia vermelha. O narrador funciona como um recopilador e tradutor de documentos encontrados por arqueólogos. Assim vão sendo armados, como um quebra-cabeça, a vida, a história e os costumes desse povo nada convencional. É muito interessante o uso que Wapner faz do ensaio, das reflexões, dos documentos, das notas de rodapé e das entrevistas de escritores ficcionais, cartas, canções, partituras musicais e poemas, recursos que, até então, não tinham entrado como parte de uma ficção nos livros argentinos para crianças. A narração adquire um estilo de gênero documentário, que, por sua vez, joga um manto de ironia sobre a busca da verdade e sobre o afã de documentar. Assim, podemos, por exemplo, perceber uma sucessão de narradores internos ao texto, como os narradores de cartas e ensaios de autores ficcionais incluídos no livro; *"Olaf Ratmusen explica como se cria gado e aves na pradaria de Grünestig e de que modo os aproveita"* é um exemplo entre tantos outros. De maneira que a premissa que opera como substrato de todo texto narrativo, aquele "Eu digo que", poderia ser entendido aqui como:

> [Eu digo que] um narrador que assina David Wapner, que escreve um prólogo sobre *Interland* e conta com a assistência de outro, denominado correspondente absoluto, narra e recolhe o que outros (August Lumer, Renata Ludmiler,

Karl Mendel, prefeito de Westgrünland, e tantos outros), por sua vez, narram a respeito de uma cidade do centro da Europa sepultada por uma chuva de areia vermelha em meados do século XIX.

15.

"Conte como se seu relato não interessasse a mais ninguém além do pequeno ambiente de seus personagens, dos quais você poderia ter sido um. Não é de outro modo que se dá vida ao conto", dizia Horacio Quiroga[5] em seu *Decálogo del perfecto cuentista* [*Decálogo do perfeito contista*], num tempo em que a narratologia como disciplina ainda não tinha sido inventada. Trata-se de pôr em cena um ato de comunicação que envolve o objeto e o sujeito da percepção, sujeito constituído, ao mesmo tempo, pelo eu que percebe e pelo você que se prefigura. Isso pode ser visto muito claramente (refiro-me em especial à prefiguração do você) neste fragmento de *Manolito Gafotas*, de Elvira Lindo:

> Depois da batida de porta do meu avô, pensei que minha mãe ia se zangar, porque se há algo que ela não gosta na vida é que lhe contrariem. Assim, o Imbecil e eu ficamos muito calados, porque nesses momentos é muito fácil que ela o culpe pelo que for; quando você espirra um pouco forte, pode lhe cair o cabelo, e não necessariamente pelo espirro. Mas não, minha mãe não se zangou, continuou

---

5 Horacio Quiroga (1878-1937), escritor uruguaio. [N.E.]

tirando a mesa como se nada tivesse acontecido. Já dizia meu pai num dia do ano passado: "Ela é imprevisível".

De minha parte, em *Veladuras* [Velaturas], tentei dar a voz a Rosa Mamaní, que narra confusamente sua história e sua dor a um você que prefigurei como adulto, mulher, agente de saúde, a quem a narradora atribui o nome de doutora, num lugar de La Quebrada onde ela faz velatura, técnica mediante a qual repara e ornamenta imagens de santos para a oficina de umas monjas. No fragmento transcrito a seguir, pode-se ver, junto ao *eu* que narra, esse *você* a quem o eu narrador destina seu relato, com o desejo e a necessidade de ser compreendido:

> Era de manhã, lá pelas dez. Eu tinha ido a San Salvador levar estes anjos que estou reparando e mostrar como tinham ficado as pátinas. Como disse, pelo caminho de San Pedrito, eu a vi, subindo a colina, enquanto levava um menino pela mão. Um momento apenas, e logo me distraí, e então ela se voltou para alguma parte, dobrou numa rua e a perdi.
> Quando esqueci, por fim, meus extravios, quis me apressar e alcançá-la, mas ela já não estava em nenhum lugar. Pensei, primeiro, se a tinha visto de verdade ou se sou eu que às vezes me perco nesses pensamentos, mas depois me perguntei:
> Quantos anos terá esse menino, Rosa?
> Pensei por um momento e respondi a mim mesma que 5.

E então me disse:

É ela.

Não vi seu rosto, porque estava de costas, mas, sim, as pernas e o pescoço, e me fixei também no cabelo, como me fixava antes, como a olhamos naquela tarde, minha irmã e eu, da janela de nossa casa, em Córdoba, vendo como levava suas coisas.

Naquele tempo, ela tinha o cabelo pesado, brilhante, que lhe caía sobre as costas até a saia. E caía por seu rosto com um âmago, era como um vício que tinha de jogar o cabelo para trás, porque sabia que meu pai e nós gostávamos...

16.

O arquetípico é uma revalorização do lugar-comum, convertido em marco, em ponto fixo. Remete a um mundo bipolar e necessita de um narrador com poder e saber absolutos, como acontece também no narrador em terceira pessoa onisciente. Mas frequentemente se trata de um narrador com maior pressão sobre o você que o narrador dos contos maravilhosos, porque o que busca não é tanto encantar ou assombrar o outro, mas convencê-lo. Se o narrador do conto maravilhoso pedia um você decidido a acreditar, o narrador do relato arquetípico pede um você decidido a aprender. Como todos os narradores, este tem seus benefícios e seus riscos, e sua eficácia depende, em boa medida, do que pretendemos provocar no receptor. Trata-se de um gênero — não nos esqueçamos de que pertencem a ele as parábolas, os sermões e muitas fábulas e relatos filosóficos — que leva consigo, às vezes explícita, às vezes camuflada, a intenção moral. Entretanto, é justo dizer, seus relatos categóricos (apesar da rejeição militante que tivemos pela moral da história na literatura infantil nacional), além de exemplificar, ponderar ou condenar, podem ser também alcançados pela beleza.

17.
Dos jogos com a Não Ficção (o documentário e a ficção que finge ser documento), um exemplo interessante é *El diario del capitán Arsenio* [*O diário do capitão Arsenio*], de Pablo Bernasconi. O texto da quarta capa se refere a ele como um documento, concretamente o diário de viagem de um aviador:

> O diário do capitão Arsenio foi encontrado por acaso. Data de 1780 e é o manuscrito sobre aviação mais valioso e mais antigo que se conhece depois do de Leonardo da Vinci.

Entretanto, algumas frases já colocam em questão o texto oferecido ou disparam para outras zonas:

> Suas páginas estão cheias de esboços, rabiscos, notas técnicas, nas quais são desenvolvidas diferentes máquinas para voar. Deixamos nas mãos do leitor, com os pés bem no chão, mas a cabeça nas nuvens, considerar se estes intentos terminaram em êxitos ou fracassos.

E a referência final acaba por instalar o leitor no registro humorístico:

> Pablo obteve sua licença de piloto aos 16 anos, e a partir de então não parou de voar.

Assim, por um lado, o texto funciona sob as regras do gênero documental e, por outro, como uma paródia desse gênero, reforçada pelos textos/mapas das ilustrações, como o que diz que o capitão Arsenio decide criar a máquina de voar num 1º de maio. Desse modo, o narrador relata ao leitor (há interpelações diretas a esse leitor) sobre o diário de esboços e invenções do capitão e de seus inventos/intentos de voo: o Motocanário, a Cinta Voadora, o Saca-rolhóptero, o Submarinóptero, o Queimador de Ilusões, o Hamstertronic etc., cada um deles com seu respectivo diário de voo.

> O Motocanário foi um projeto ingênuo que lhe tomou muitíssimo tempo de trabalho. Evidentemente foi mais difícil para o capitão conseguir os canários e atá-los com uma corda do que levantar voo. Embora a descoberta tenha sido revolucionária, foram precisos dois dias e meio para baixar o capitão da árvore em que ficou enroscado.

Talvez tivesse sido ainda mais potente a proposta de manter o texto em registro documental e as ilustrações no registro humorístico, de modo que o leitor unisse ambas as zonas de linguagens diferentes. Mas, quer o escritor/ilustrador não tenha podido, quer não tenha desejado sustentar à risca o registro documental para que o humor funcionasse por si, ao modo de paródia do documental, o que vinha ameaçando desde o começo como uma oscilação em direção aos limites do gênero, termina saindo de gênero na página final, quando sob o subtítulo "Adeus de baixo" se diz:

> Como acontece em quase todas as lendas, as diferentes versões se contradizem, as provas se evaporam e o boca a boca termina construindo uma história que dista muito da realidade. O certo é que ninguém sabe o que foi feito do capitão Arsenio e de suas máquinas voadoras. Fica apenas seu diário — noventa páginas de fracassos consecutivos — e uma grande pergunta: será que ele finalmente conseguiu? Alguns dizem que o diário de Arsenio estava enterrado perto do Cairo, no Egito, a mais de sete mil quilômetros da Patagônia, onde o capitão vivia [...], mas a maioria assegura, sustenta e insiste que o diário do capitão foi encontrado na superfície da Lua em 20 de julho de 1969.

Essa é a frase final que conduz o livro para a literatura de antecipação.

18.

Lazarillo de Tormes[6] é um claro exemplo — um exemplo absoluto — do narrador dentro da história, em que protagonista e narrador se identificam, e entre nós há um livro que lhe rende homenagem: *Aventuras y desventuras de Casiperro del Hambre*, de Graciela Montes. Com respeito a isso, há um conto — um maravilhoso conto — de Raymond Carver: "Caballos en la niebla" ["Cavalos na névoa"], em que o narrador protagonista trabalha no tênue fio entre ficar e ser parte da história ou sair dela, entre olhar de dentro ou de fora os fatos do relato, poderíamos também dizer, e que converte isso mesmo em matéria do relato. Não é um dado menor que o narrador protagonista seja escritor. Um escritor que narra a noite em que sua mulher vai embora de casa. Todo o conto oscila em torno das dificuldades que ele tem a respeito de estar/seguir presente na história e na vida de sua mulher ou em sair dessa história/ficar fora dela, que é finalmente o que sua mulher reprova e o que faz que ela o abandone, em definitivo.

> [...] Poder-se-ia dizer, por exemplo, que tomar uma esposa é se dotar de uma história. E, se isso é assim, devo entender que agora estou fora da história. Como os cavalos e a névoa. Ou poderia dizer que minha história me deixou.

---

6 *Lazarillo de Tormes*, romance espanhol anônimo cuja primeira edição data de meados do século XVI. [N.E.]

Ou que tenho que seguir vivendo sem história. Ou que a história terá que prescindir de mim de agora em diante, a menos que minha mulher escreva mais cartas ou conte suas coisas a uma amiga que faça um diário. Então, anos depois, alguém poderá voltar para esse tempo, interpretá-lo a partir de documentos escritos, de fragmentos dispersos e longas ladainhas, de silêncios e veladas imputações. E é então que germina em mim a ideia de que a autobiografia é a história dos pobres desventurados. E de que estou dizendo adeus à história. Adeus, minha amada.

Assim, como o narrador protagonista de Carver, somos e fazemos na hora de escrever. Uma história nos desvela até que descobrimos o ponto de vista e a estratégia mais eficaz para narrá-la. Não há *a priori* um narrador melhor que outro, mas, sim, para cada história, um narrador/uma voz/um olhar capaz de dar maiores frutos. Narrar a história de fora? Narrar como quem foi abandonado por uma história? Narrar uma história que prescindiu de seu narrador? Narrar o que de uma história ficou em cartas ou diários íntimos? Narrar o relato que um amigo do protagonista faz da história? Narrar muitos anos mais tarde, voltar, interpretar o acontecido a partir de fragmentos dispersos, de silêncios, de veladas imputações? Apropriar-se da história? Encontrar essas estratégias é o maior desafio para quem escreve, porque, se não as encontrar, terá de renunciar a essa história, terá que lhe dizer adeus.

ACCAME, Jorge. *Ángeles y diablos*. Buenos Aires: Alfaguara, 2000.

ANDRUETTO, María Teresa. *El anillo encantado*. Buenos Aires: Sudamericana, 2001.

_____. *Veladuras*. Buenos Aires: Grupo Editorial Norma, 2005.

ANÔNIMO. *Fábulas hindúes*. Barcelona: Editorial Astri, 2000.

AUSTER, Paul. *El cuento de Navidad de Auggie Wren*. Buenos Aires: Sudamericana, 2003. [ed. bras. *Conto de Natal de Auggie Wren*. São Paulo: Companhia das Letras, 2009.]

AXPE, Luisa. *Geolana, un conejo y el mundo*. Prêmio José Sebastián Tallón (concurso de contos ilustrados para crianças). Córdoba: Editorial Municipal, 1989.

BERNASCONI, Pablo. *El diario del capitán Arsenio: la máquina de volar*. Buenos Aires: Sudamericana, 2007.

CALVINO, Italo. *Si una noche de invierno un viajero*. Madri: Siruela, 1993. [ed. bras. *Se um viajante numa noite de inverno*. 2. ed. São Paulo: Companhia das Letras, 1999.]

CARVER, Raymond. *Tres rosas amarillas*. Barcelona: Anagrama, 1997.

COLASANTI, Marina. "La joven tejedora". In: *Doce reyes y la joven en el laberinto del viento*. Córdoba: Ediciones del Copista, 2002. [ed. bras. "A moça tecelã". In: *Doze reis e a moça no labirinto do vento*. Rio de Janeiro: Global Editora, 2000.]

ECO, Umberto. *Lector in fabula*. Barcelona: Lumen, 1979. [ed. bras. *Lector in fabula*. 2. ed. São Paulo: Perspectiva, 2002.]

FILINICH, María Isabel. "La escritura y la voz en la narración literaria". *Signa. Revista de la Asociación Española de Semiótica*, n. 5, Madri, 1996.

LARDONE, Lilia. *Los picucos*. Córdoba: Comunicarte, 2006.

LINDO, Elvira. *Manolito Gafotas*. Madri: Alfaguara, 1998.

LÓPEZ, Alejandro. *La asesina de Lady Di*. Buenos Aires: Adriana Hidalgo, 2001.

MERCADO, Tununa. *Canon de alcoba*. Buenos Aires: Ada Korn Editora, 1988.

MONTES, Graciela. *Aventuras y desventuras de Casiperro del Hambre*. Buenos Aires: Ediciones Colihue, 1995.

QUIROGA, Horacio. "Decálogo del perfecto cuentista". *Babel*, Buenos Aires, 1927. [ed. bras. *Decálogo do perfeito contista*. Porto Alegre: L&PM, 2009.]

SMANIA, Estela. "El Tálliem real". In: *15 de Espanto*. Buenos Aires: Sudamericana, 2000.

WAPNER, David. *La estrategia del Sueño: las aventuras del inspector Martinuchi*. Buenos Aires: Ediciones del Eclipse, 2005.

_____. *Interland*. Buenos Aires: Sudamericana, 1999.

WOLF, Ema. *Los imposibles*. Buenos Aires: Sudamericana, 1995.

_____. *Barbanegra y los buñuelos*. Buenos Aires: Kapelusz, 1984 (coleção La Manzana Roja).

Enós, os aprendizes e a escritura duradoura[*]

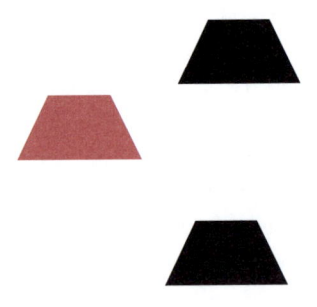

[*] Lido no seminário internacional Placer de Leer, organizado pela Fundação C&A e pelo CEDILIJ (Centro de Difusión e Investigación de Literatura Infantil y Juvenil). Passeio La Plaza. Buenos Aires, 4 de novembro de 2008.

> *Um dia em Epidauro — aproveitando a quietude deixada pelo horário de almoço dos turistas — coloquei-me no centro do teatro e disse em voz alta o começo de um poema...*
> SOPHIA DE MELLO

1.
Quando era jovem e não imaginava ainda a possibilidade de publicar, escrevi este breve relato que muito mais tarde incluí em *Huellas en la arena* [Pegadas na areia]:

> Era uma vez um homem que fazia casas.
> O homem se chamava Enós e era o melhor construtor de que se tinha notícia; suas casas sempre eram as mais formosas, as duradouras.
> Em certa ocasião, aproximaram-se dois aprendizes e lhe disseram:
> "Um dia você morrerá e não haverá quem faça o que você faz. Por que não nos ensina o segredo de sua arte?"
> Enós pensou que o pedido dos aprendizes era razoável e entregou, generoso, tudo o que sabia.
> Mas, uma vez tendo aprendido, acreditando que já eram grandes como o mestre, desprezaram-no e se separaram dele. E quando Enós cobrava oitenta dinheiros, eles cobravam setenta e diziam que suas casas eram mais resistentes.

Assim, as pessoas deixaram de valorizar Enós e se conformaram com as casas dos aprendizes.

Enós empobreceu até lhe faltar o necessário, mas nem na miséria aceitou fazer casas que não fossem duradouras.

Várias questões aparecem nessa espécie de parábola de meus primeiros tempos: a criação. A docência. A qualidade de uma obra. A fidelidade a si mesmo. O oportunismo, a corrupção e a degradação do que fazemos. O valor e o preço. As aparências e o essencial. O passageiro e o duradouro.

Eu não sabia então, nem era minha intenção dar luz a essas verdades, mas comprovei com os anos que em torno dessa parábola gira tudo o que um escritor escreve e tudo o que faz com sua escrita.

2.
A língua é feita por todos; a literatura, ao contrário, é particular, nasce do corpo e da memória do escritor, *"funda-se"*, diz Barthes, *"na mitologia secreta do autor, nessa profundidade do humano em que se instalam, de uma vez por todas, os grandes temas de sua existência"*. *"Não há literatura"*, diz também ele, *"sem uma moral da linguagem, uma linguagem que cava fundo, que não se vende, que é fiel a sua busca"*. Assim, a literatura mergulha primeiro na memória de quem escreve e, depois, no campo de ressonâncias de quem lê, e é desse modo e nesse lugar insondável de uma subjetividade que escreve o que outra subjetividade lê,

que escritor e leitor se comprometem. Só de um compromisso muito profundo pode surgir uma obra cuja leitura nos leve a um compromisso também profundo. Assim, o que escrevemos (e o que lemos) dá conta do modo como escritores e leitores entendemos a literatura. Assim, o escrito (e o lido) revela-nos, como naquele poema que Borges incluiu em *Los conjurados*, nosso verdadeiro rosto.

Quero dizer, com isso, que a arte não generaliza, mas surge de cenas privadas, muito pessoais e assenta seu poderio no humano particular e no concreto. Desse modo, a literatura, com seus artifícios, constrói visões particulares de mundo e questiona as formas oficiais de perceber, de sentir, de compreender. Num conto, num romance, o leitor é levado a olhar tudo a partir de certo ponto de vista, obrigado a ver de um modo particular, um modo que — sem a mediação da ficção — seria certamente difícil para ele. Por isso, enquanto tantos livros repetem esquemas convencionais e maneiras instituídas de pensar e de sentir, a literatura põe o leitor num lugar incômodo porque desnaturaliza o que a sociedade naturalizou, e é precisamente isso o que o pensamento globalizado pretende apagar para impor normas e formas comuns.

Embora muitos escritores não tenham isso em mente, ainda que muitas vezes não estejamos conscientes disso na hora de escrever, o uso da palavra não é inocente em quem escreve, nunca o é. Se um escritor não tiver consciência das palavras que usa, deve saber que, de qualquer modo, essas palavras falarão por ele.

3.

Não é com vontade que se escreve, mas com atenção e paciência para esperar que apareça essa verdade que o personagem tem a nos dizer. É sob a ficção (para nossos fins, uma máscara como aquela que os atores da antiga Grécia chamavam *personae*), ou seja, sob a forma artística da mentira que se pode dizer uma verdade. Verdade pessoal, privada e íntima que se torna social ao ser compartilhada. A literatura é então, segundo essa ideia, um lugar aonde se pode ir em busca de uma verdade. Não se trata, claro, da verdade. Tampouco de uma verdade prévia à escritura, mas de um caminho, de uma busca, porque, para quem escreve, o mundo não é um lugar sobre o qual já se sabe tudo, mas uma matéria viva e altamente complexa em que certas questões insistem em permanecer ocultas ou esquecidas. Há no escritor, portanto, a intuição ou até mesmo a convicção de que tem algo a dizer, mas também a incerteza a respeito do que consiste esse algo, assim como sobre o caminho para encontrá-lo. Ao escrever, muitas coisas sobre o que se escreve são ignoradas; ignora-se, é óbvio, muito mais do que se sabe. Essa ignorância, essas estimativas, esse afã em compreender, essa paciência para esperar a verdade que uma cena ou um personagem tem para nos dizer, é a única certeza que podemos esperar de quem escreve.

Com isso, queria chamar a atenção sobre um aspecto inerente à escritura: a vacilação, o percurso incerto e a condição de não profissional das letras de que um escritor necessita para conservar um olhar de surpresa diante do real. Numa obra, a vida e o que se sabe dela estão fundidos, confundidos, e essa confusão, assim como o equívoco e o errático, revelam nessa obra uma verdade.

4.

Um bom escritor trabalha sempre contra a resistência da linguagem, trabalha contra a língua, contra a norma e contra o correto, o bem dito, o adequado e o educado. Se não existir essa resistência, o tom, o ponto de vista, a linguagem e a tensão narrativa dissolvem-se, e se dissolve também com eles o mais propriamente literário.

"O ofício tem seu lado terrível que é o mecânico, a degradação, a receita... é preciso desconfiar do ofício, esquecê-lo, ficar escrevendo como os macacos", diz o poeta Alejandro Schmidt numa carta que me enviou há dez anos. Na verdade, são os poetas os que mais e melhor compreenderam isso. A palavra *profissional*, relacionada a um escritor, é uma palavra da qual devemos desconfiar, pois a profissionalização sempre ameaça instalar o que se escreve, ou seja, o que deveria ser produto de nossas tentativas ou nossos desvios aleatórios em busca da própria coisa, no território do estereótipo, da tautologia oficial, do funcional e do utilitário. Porque, quando se pede profissionalização, pede-se também uma maneira ofi-

cial, aceita, legal, correta, adequada de produzir textos. Vi nestes últimos anos como insistem em nos fazer acreditar — nós, que escrevemos literatura para crianças — e como se pretende vender aos leitores essa imagem de escritor profissional, ideia *comprada* por certos leitores, por quase todos os escreventes e também por alguns escritores. A profissionalização do escritor é um assunto que vem se apresentando com muita persistência e contundência para os autores de livros para crianças e jovens em nosso país, provocando, nessa zona do literário que nos ocupa, o paradoxo de que a autêntica criação estaria ameaçada de extinção. Caberia recordar que escrever não é publicar, que o futuro do que se escreve é sempre inseguro e incerto, que nunca sabemos completamente o que vai acontecer com o que escrevemos e que para um escritor essa incerteza é necessária. *"Não gosto dos escritores muito satisfeitos, a melhor tradição da literatura argentina está construída em vacilações"*, diz Ricardo Piglia.

Um conjunto de boas razões abona a existência de tantos escritores de ofício. O crescimento da indústria editorial, a importância de um grande comprador como a escola, as possibilidades de arredondar um livro com textos breves e elementares, às vezes apenas um par de frases (a brevidade deixa de ser cômoda e elementar para se converter num valor quando é resultado da condensação poética), a presença ainda incipiente da crítica, a frondosa demanda editorial e o volume das tiragens provocaram uma mudança substancial nas condições de escritura e edição dos autores de livros infantis e juvenis, numa medida notavelmente maior que as condições dos escritores que transitam por outras zonas da literatura, que encontram filtros na crítica mais desenvolvida, na realidade de um mercado menor, na ausência de grandes compradores e numa maior competição em quantidade e qualidade com outros escritores.

5.
Em linhas gerais, a literatura infantil é mais conservadora e retardatária que a literatura, de modo que tanto as rupturas como qualquer outro tipo de ressonância e mudança que acuse o contexto demora mais a chegar até ela. Caberia recordar que a literatura, como toda manifestação artística, não é autônoma, está condicionada por múltiplas circunstâncias sociais, culturais, econômicas. Assim, o escritor escreve sob pressão e, esteja ou não consciente disso, insere-se em uma tradição, coloca-se em algum ponto entre a tradição e a vanguarda. Ao mesmo tempo, não existe um leitor mundial e, ainda quando o perseguem os grandes grupos editoriais, só para uns poucos produtos, quase sempre não literários, cabe imaginar um mercado único. Há sempre uma luta entre o consagrado e o novo, entre o privado e o social, entre o local e o universal, entre o particular e seu contexto, e é em tensão com o universal que os grandes escritores ancoram no particular,

descobrindo-o e potencializando-o até voltar de outros poucos ou de muitos, talvez porque, como disse Jean Cocteau, *"um pássaro canta melhor em sua árvore genealógica"*. Por isso não deixo de me perguntar *onde está o próprio em nossas escrituras*, entendendo que a própria coisa é sempre algo difícil de descobrir, que não se trata do que está mais à mão, mas quase sempre dos aspectos mais ocultos, mais opacos e mais resistentes do cotidiano e do comum. Que se trata de um terreno altamente esquivo, cuja conquista exige muito esforço e uma persistente atenção, um terreno ao qual se tem acesso pelo trabalhoso caminho das palavras. Então, se assim são as coisas, o mais próprio de nossa literatura há também de estar e de aparecer por um uso específico, não alienado nem banalizado, da linguagem. É nessa voz mais pessoal, mais verdadeira, que surgem os melhores escritores argentinos, que está a geração de pensamento e sentimento também próprios. Qual é a visão do homem e do mundo que se pode inferir da quantidade de livros para crianças ou jovens que são publicados em nosso país? Onde está *"essa consciência dialogando com o mundo"* da qual fala Oscar Masotta, que é tudo o que esperamos de uma escrita verdadeira? Em quantos livros, dos muitos editados, se pode perceber essa busca de uma linguagem através da qual são construídas a nossa humanidade e a nossa identidade? Não parece inútil nos perguntarmos a respeito da soberania de pensamento e de sentimentos na literatura que produzimos e nas reflexões que fazemos em torno dela, se em lugar dessa consciência voltada para o mundo, o que abunda é a uniformização dos textos, a globalização do pensamento, o otimismo ridículo, a mesura, os bons costumes, os textos politicamente corretos, o esquecimento ou a indiferença em relação a vozes humanas, a recepção muitas vezes acrítica de especialistas de outras latitudes e a escassa construção de nosso pensamento crítico. Um espaço como este, um espaço tão altamente privilegiado, teria de ser não só um lugar onde ouvir as opiniões e os avanços de outros países, mas também, e sobretudo, um espaço de debate de ideias entre referentes diversos da área e um cenário de construção, discussão e amostra de nosso pensamento crítico. *"A literatura não é só divertimento, é a verdadeira vida do pensamento"*, disse-nos Julia Kristeva[1]. Devemos nos aprofundar aí, creio eu, devemos insistir nesses territórios se quisermos que nossa literatura destinada a crianças e jovens cresça em qualidade e intensidade como cresceu em volume de edições.

6.

Escrever obras que exploram diferentes gêneros (narrativa, poesia, teatro) e chegam a distintos destinatários (crianças e jovens ou adultos), como é meu caso, editar

---

1 Julia Kristeva (1951-), escritora, psicanalista e crítica literária. Nasceu na Bulgária; trabalha e vive na França desde 1966. [N.E.]

por decisão própria e convicção em editoras grandes e pequenas, circular, portanto, em circuitos mais gerais e em outros alternativos, decidir não pertencer nem a um gênero literário nem a uma editora, tampouco a uma instituição privada ou a um órgão do Estado, renunciando assim a cargos e propostas de toda índole, tudo isso teve, para a circulação de meus livros e meu reconhecimento como escritora, alguns e, às vezes, muitos custos e, para minha escritura, muitos lucros. J. J. Saer, em Exilio y literatura [Exílio e literatura], diz que o escritor é/deveria ser, no melhor dos casos, alguém que é expulso ou se expulsa, por decisão própria, de certos circuitos de conveniência do Estado, dos meios maciços ou do dinheiro para poder ser o que é, e que *"essa posição que pode parecer estetizante ou individualista é, por sua vez e pelo contrário, eminentemente política"*. Não se trata de algo simples, e é justamente nesse sentido que escrever é uma tarefa sacrificada, quando, com frequência, um escritor recebe propostas pelas quais tenta, de mil maneiras, comprar sua liberdade. Compra, doutrinação, rebaixamento, que, a julgar pela profusão de livros ruins existente hoje no mercado editorial de literatura infantil e juvenil, deu ótimos resultados... Quem escreve adentra no que não compreende ou no que lhe incomoda e, desse modo, transpassa o esperado e o adequado, inclusive — claro está — o esperado e o adequado para si mesmo. Tudo isso tem um estatuto político e tem custos e benefícios para quem escreve e para quem lê. Aqui mesmo, eu, por estas e outras coisas que estou dizendo, assumo também os custos e arco com as consequências, porque há funcionários e instâncias que não podem separar o que penso e o que digo de minha obra. E fazem muito bem, porque, na verdade, não se pode separar o que um escritor é daquilo que ele faz: tudo o que seu fazer tem provém do que ele é.

7.

Em algum momento da história da literatura se temeu que a ruptura e as explorações das vanguardas terminassem por desintegrar a linguagem. Hoje, a ameaça é uma desintegração ao contrário, uma desintegração por excesso de adaptação, de submissão, de aceitação, até lamentar uma escritura tão soldada, tão estereotipada, tão pouco explosiva, tão sem fissuras. Se a escritura nos livros para crianças tende tanto ao asséptico e ao neutro, se, em vez de ser estremecedora, incômoda, comovente ou indomável, é anódina, inócua e submissa ao peremptório desejo de vender exemplares, então a literatura infantil e juvenil está perdida.

Se eu escrevesse com uma concepção diferente, talvez fosse mais adequada para algumas condições da produção de livros em meu país e tivesse, naturalmente, quintuplicado a quantidade de livros para crianças que escrevi. Não acredito que possamos trocar as coisas nem as condições gerais de nossa sociedade a partir da escritura de um livro nem de muitos livros, mas acredito, sim, que se um escritor ocupa com consciência e dignidade — quer dizer, sem se perverter — seu lugar de escritor, contribuirá para "desdomesticar" sua percepção do mundo, buscando que algo se passe com ele para que algo se passe, ao menos uma vez, com o outro que o lê, outro que, talvez, alguma vez, também "desdomestique" certas percepções do mundo que tem. E acredito, além disso, que os bons leitores podem, com sua leitura atenta, alerta, aproximar livros de qualidade literária de outras pessoas, e que essas pessoas podem chegar a ter, desse modo, inesperadas mudanças pessoais, enriquecimento de suas vidas, que, somadas, constroem cultura, constroem consciência crítica, constroem liberdade de expressão e de desacordo.

É então profundamente comprometido, profundamente ético, o lugar que cabe ao escritor ocupar diante de sua obra. Ouvimos certas frases, cantilenas — sobre a brevidade ou a facilidade de se escrever para crianças, a tentação de editar, a necessidade de dinheiro — que tentam justificar escritas denegridas, e não se fala do caráter vil, corrompido, de tantos livros que circulam nem do uso imoral de certas temáticas, textos que são escritos não apenas com o olhar, mas com o corpo inteiro pensando no cliente. Há, na hora de escrever, quando a escritura é genuína, algo que se impõe, algo que tem a ver com o desejo de compreender algum aspecto do humano. A busca é sempre essa e é tensa, porque, como disse Genet[2], referindo-se a Rembrandt[3], cada ser no mundo tem sua porção de humanidade, e o artista pode encontrar esse resplendor em uma cena ou um personagem, ainda que seja nos personagens mais miseráveis, como seria o último dos arrozeiros de *La camisa del hombre feliz* [*A camisa do homem feliz*], ou a velha que a contragosto oferece um pouco de pão aos moços que emigram em *Stefano*, ou ainda a garota de pensamento confuso que relata sua história em *Veladuras*. Enquanto escrevo estas linhas, toca o telefone, uma pessoa me liga da Suécia, um desconhecido, apresenta-se como leitor de *Stefano*. Diz que faz tempo que quer me ligar, que faz anos que leu esse livro, que o comprou pela internet, que dá aulas de literatura espanhola, que o lê em sala de aula há anos. Mas, sobretudo, quer me dizer que é argentino, catamarquenho, filho de italianos, que emigrou para a Itália e daí para a Suécia, que está casado com uma mulher dinamarquesa, que sabe o que é migrar, que sempre é duro, que seu filho de 10 anos, com tanto multilinguismo, tem problemas de identidade, que, como resultado disso, nas últimas noites, depois do jantar, como sobremesa, tem lido *Stefano* em família e que o filho e sua mulher se comoveram como ele.

Esse é o pagamento de quem escreve. A recompensa por muitas horas de comoção, de concentração, de

---

2 Jean Genet (1910-1986), escritor francês. [N.E.]
3 Rembrandt (1606-1669), pintor holandês. [N.E.]

persistente atenção e paciência. E é um pagamento que não se pode comprar nem temos direito de pedir, que chega sozinho, quando chega, e se dá como um tributo que só o leitor pode oferecer. Livre de toda demanda, não escrevo então por encargo nem autoencargo, tampouco pretendo algo por minha obra a não ser a pura exploração. Não se trata de ser magnânima ou desinteressada. Não espero nem pretendo nada porque espero e pretendo tudo. E o que é, no que consiste, esse *tudo*? Pretendo construir uma obra, pretendo comover um leitor, espero que um poema ou um conto que escrevo em solidão, profundamente imersa em mim, habite na memória de um leitor quando eu já não estiver para lê-lo ou dizê-lo ou assinar autógrafos ou participar de um congresso, quer dizer: espero certa, humana, perdurabilidade, e essa pretensão é a maior de todas as que podemos ter com respeito à escritura. É obvio que, para esperar isso da escritura, há que se ter ainda certa fé no mundo e certa esperança.

8.
"Não estou disposto a sacrificar minha literatura em função dos caprichos do mercado, gosto muito de escrever para cair nisso", disse-me recentemente um ex-aluno, uma ideia que compartilho. Livre, então, de minhas próprias demandas, escrevo. Talvez não seja demais esclarecer que se libertar de demandas é, em si mesmo, um trabalho, não é algo que se resolve facilmente, porque às vezes isso tenta se impor sobre mim — e, quando falo de mim, falo

de alguém que escreve —, algo da ordem do racional, do organizado, do que deve ser, enfim, segundas intenções, que trabalho então contra isso e que é por essa razão que tenho também muitos arquivos inconclusos, abandonados em meu computador. Trabalha-se, na escritura, contra isso, e as ideias que temos a respeito do que é criar devem ser atualizadas constantemente, num olhar alerta sobre nossas convicções e num exercício de depuração de nós mesmos. Assim, continuei escrevendo livros para crianças como escrevo poemas: obedecendo a desejos que aparecem, pulsões que chegam do mais fundo e, uma vez surgido esse desejo, que cuidei de não manchar, não dando ouvidos, como Ulisses, não sem esforço e muitas vezes verdadeiramente atada ao mastro, aos cantos da sereia do dinheiro, aos projetos editoriais, às recompensas sociais, às demandas do mercado, aos cargos oferecidos, ao bem-estar dos outros escritores... Começa então um caminho de busca que é intenso e sobretudo incerto, um caminho que não tem fim e sobre o qual, quanto a seu desenho, sua longitude e sua duração, não temos certeza. Esquecimento de múltiplos cantos para ir em busca da própria coisa, para ouvir talvez, em algum momento, minha própria voz, livre, oferecida a outros, desligada de mim.

9.
Livre, então, de minhas próprias demandas a respeito do que deve ser ou de como funcionaria, levada a escrever

para compreender, para tentar apanhar algum brilho do humano, algo mais da infinita crisálida, descubro em todas as minhas obras — ainda que as buscas formais e temáticas em um e outro livro tenham sido tão distintas — algo desse desejo de humanidade, de amor pela criatura humana e muito do social/ideológico que na vida e no fazer cotidiano sustento e me sustenta. Como naquele poema de Borges de que falava no começo, em que um homem decide desenhar o Universo e, ao final dos anos, descobre que desenhou seu rosto; em um escritor pode-se ver, lendo sua obra, o que ele é.

10.
Um dia em Epidauro — aproveitando a quietude
deixada pelo horário de almoço dos turistas —
coloquei-me no centro do teatro e disse em voz alta o
começo de um poema. E ouvi, um instante depois, lá no
alto, a minha própria voz, livre, desligada de mim.
SOPHIA DE MELLO

Gosto de pensar que escrever tem a ver com isso: ficar em pé no centro de algum lugar, em perfeita solidão, procurando que surja uma voz que, mais tarde, soe lá na arquibancada, separada de mim, uma voz que de tão própria se aliena.

REFERÊNCIAS BIBLIOGRÁFICAS

ANDRESEN, Sophia de Mello Breyner. *Desnuda y aguda la dulzura de la vida*. Seleção e tradução Diana Bellessi. Buenos Aires: Adriana Hidalgo, 2003.

ANDRUETTO, María Teresa. *Huellas en la arena*. Buenos Aires: Sudamericana, 1997.

_____. *Stefano*. Buenos Aires: Sudamericana, 2002.

_____.; GAZZERA, Carlos. *Fragmentaciones. Poesía y poética de Alejandro Schmidt*. Córdoba: Ferreyra Editor, 2003.

BARTHES, Roland. *El grado cero de la escritura*. Buenos Aires: Siglo XXI Editores, 1997. [ed. bras. *O grau zero da escrita*. São Paulo: WMF Martins Fontes, 2011.]

BORGES, Jorge Luis. *Obras completas*. Buenos Aires: Emecé, 1994. [ed. bras. *Obras completas*. São Paulo: Globo, 1998-1999. 4 v.]

MASOTTA, Oscar. *Sexo y traición en Roberto Arlt*. Buenos Aires: Eterna Cadencia, 2008.

PIGLIA, Ricardo. *Crítica y ficción*. Buenos Aires: Ediciones Fausto, 1993.

SAER, Juan José. *Una literatura sin atributos*. Santa Fé: Editorial Universidad del Litoral, 1988.

SOBRE A AUTORA

María Teresa Andruetto nasceu em 1954, na Argentina, onde vive atualmente na cidade de Córdoba.

A construção da identidade individual e social, as sequelas da ditadura militar em seu país e o universo feminino são alguns dos temas frequentes em sua premiada obra, pela qual recebeu, em 2012, o *Prêmio Hans Christian Andersen*, equivalente ao "Prêmio Nobel da literatura infantil", um reconhecimento internacional por sua "contribuição duradoura à literatura infantil e juvenil". Seus livros são verdadeiros *crossover*, lidos tanto por adultos como por jovens leitores, rompendo, assim, as barreiras geracionais.

Além de se dedicar à escritura, há mais de trinta anos atua na formação de professores e mediadores de leitura, tendo participado de planos de leitura, fundado centros de estudos e revistas especializadas. A partir da larga experiência nas oficinas de texto que ministra, reuniu suas reflexões neste *Por uma literatura sem adjetivos.*

Como autora e especialista na área, é frequentemente convidada como palestrante para congressos, seminários, feiras e jornadas literárias em seu país e no exterior. Sua obra tem sido objeto de estudo em universidades de vários países, bem como servido de base para a criação de outros artistas, que, a partir dela, já realizaram curta-metragens, espetáculos poético-musicais, coreografias, adaptações teatrais e outros.

No Brasil, publicou recentemente a novela *A menina, o coração e a casa*, traduzido pela escritora Marina Colasanti, que prefacia esta edição.

Para conhecer mais sobre a vida e obra da autora, acesse o site www.teresaandruetto.com.ar.

Esta obra recebeu
o selo Altamente
Recomendável pela
FNLIJ – Fundação
Nacional do Livro
Infantil e Juvenil,
em 2012.